Ich, Friedrich II.

Das Leben des großen Preußenkönigs, nacherzählt von

Hans Bentzien

Mit Dokumenten und 96 Holzschnitten von Adolph Menzel

Verlag Volk & Welt
Berlin

ISBN 3-353-00857-8

3. Auflage

Buchgestaltung: Lothar Reher
Satz: Graphischer Großbetrieb Pößneck GmbH
Ein Mohndruck-Betrieb
Druck und Einband: Offizin Andersen Nexö
Leipzig GmbH
Printed in Germany

Inhalt

Die Sarkophage

Als die Vorbereitungen für die mit erheblichem Aufwand betriebenen 750-Jahr-Feiern 1987 in Berlin begannen, erhielt ich die überraschende Zustimmung zu meinem Vorschlag, einen Fernsehfilm vorzubereiten, der aus der Geschichte Brandenburg-Preußens seine Handlung bezog. Man wollte den Vorwurf umgehen, Preußen zu ignorieren, was bis dahin weitgehend der Fall war. Außer in der Biographie Friedrichs II. von Ingrid Mittenzwei und einigen kleineren Arbeiten wurde Preußen bis dahin in der DDR hauptsächlich als Hort der Reaktion und des Militarismus dargestellt. Zur Zerstörung dieser allgemein verbreiteten Auffassung wollte ich einen Beitrag leisten, wozu ich schon einmal, in den sechziger Jahren, Gelegenheit hatte.

Friedrich II. Orion erblaßt vor der Sonne. Tyrann, aber die Größe bannt an ihre Ferse die Bewundrung. Groß in jeglicher Weise. Alexander, Cäsar, die Karthager und die anderen Alpenbesieger stehn ihm zur Seite, aber die letzten Werke seines Lebens sichern ihm vor allem den Lorbeer. *Theodor Fontane*

Als damaliger Minister für Kulter bekam ich den hartnäckigen Anruf eines Meisters aus dem Betrieb »Stuck und Naturstein«. Er war am Abbau des Denkmals Friedrich II. nach dem Kriege 1950 beteiligt und hatte von seinem Betriebsleiter den Auftrag erhalten, sich darum zu kümmern, daß das Denkmal sicher gelagert würde. Das tat dieser verantwortungsbewußte Mann seitdem, auch als der Oberbürgermeister von Ostberlin, Friedrich Ebert, das Denkmal unter dem Druck der Preußengegner seinem Amtskollegen in Brandenburg schenkte, der es auch nicht haben wollte.

Doch Ebert hatte das Denkmal bereits abtransportieren lassen, so daß es in den Gärten von Sanssouci gelagert werden mußte, unter Strohmatten versteckt. Der Meister aber kümmerte sich weiterhin. Nunmehr hatte er von seinen Kollegen erfahren, daß die Anweisung erteilt worden war, das Denkmal zu verschrotten. Ich sollte helfen. Meine Mitarbeiter wußten nichts, klärten aber bald, daß die Angaben stimmten: Der Schrottbeauftragte des Magistrats hatte vom 1. Bezirkssekretär der SED, Paul Verner, die Anweisung bekommen, das Denkmal als Edelschrott an eine Schmelze abzuliefern. Er forderte einen Tieflader an, und dadurch war der Betrieb davon informiert worden. Nachdem die Umstände geklärt waren, wurde eine Aktion ausgelöst, um das Denkmal zu retten. Der damalige Direktor von Sanssouci, ein Oberst der Volkspolizei in der Berliner Keibelstraße, den ich vom Studium her kannte, und zwei Mitarbeiter des Ministeriums für Kultur wurden informiert. In einer regnerischen Nacht wurde das Denkmal auf einem Tieflader, begleitet von zwei Verkehrspolizisten, an eine andere, abgelegene Stelle im gleichen Park gebracht und wiederum gut versteckt. Der Ökonom des Ministeriums stellte eine Schrottbescheinigung aus, und alles hatte seine Ordnung. Im Frühjahr wurde das Denkmal im Park auf einem neu gegossenen Fundament öffentlich aufgestellt, ohne Presse, ohne Feier. Zwanzig Jahre später stand es dann wieder Unter den Linden.

Friedrich der Große hat sein Blut nicht fortgepflanzt. Seine Stellung in unserer Vorgeschichte muß aber auf jeden seiner Nachfolger wirken als eine Aufforderung, ihm ähnlich zu werden. Ihm waren zwei einander fördernde Begabungen eigen, des Feldherrn und eines hausbackenen, bürgerlichen Verständnisses für die Interessen seiner Untertanen. Ohne die erste würde er nicht in der Lage gewesen sein, die zweite dauernd zu betätigen, und ohne die zweite würde sein militärischer Erfolg ihm die Anerkennung der Nachwelt nicht in dem Maße erworben haben, wie es der Fall ist. *Otto von Bismarck*

Das Denkmal stand wieder an seinem Platz, aber wo waren die Sarkophage? Ich hatte gehört, sie seien auf der Hohenzollernburg, wo sie meiner Meinung nach nicht hingehören. Daher wollte ich ein Filmplädoyer für ihre Rückführung nach Potsdam halten, wenn auch die Garnisonkirche, in deren Gruft sie aufbewahrt waren, nicht mehr stand. Halb war die Kirche bei einem sinnlosen Bombenangriff zerstört worden, die übriggebliebene Hälfte hatte Ulbricht abreißen lassen. Nichts sollte mehr an Preußen erinnern.

Besser ist es, ein beschnittener Türke zu sein, als ein Preuße. Es schaudert mich die Haut vom Haupte bis zu den Zehen, wenn ich an den preußischen Despotismus und an den Schinder der Völker denke.
Johann Joachim Winckelmann

Die Särge müßten nach Potsdam zurückgebracht werden gemäß dem internationalen Recht, das seit der Haager Landkriegsordnung und dem Wiener Kongreß gilt und im allgemeinen auch nach 1945 befolgt wurde, manchmal freilich nur zögernd. Warum war in diesem Falle nicht danach verfahren worden?

Wegen der erwarteten Luftangriffe auf Potsdam wurden die Särge der beiden Könige am 20. März 1943 aus der Garnisonkirche in den Führungsbunker des Oberbefehlshabers der Luftwaffe nach Potsdam-Eiche gebracht. Hier standen sie in Görings unterirdischen Geließen bis Mitte März 1945. Wie im Jahre 1943 hatte auch jetzt wieder Hitler persönlich den Befehl gegeben, wegen der herannahenden Front die Särge nach Westen abzutransportieren. Mit ihnen auch die Reichsinsignien und weitere Teile des Kronschatzes, 65 Kisten mit Büchern aus der Bibliothek Friedrichs II. in Sanssouci, der Totenhelm des Großen Kurfürsten von 1688 und vieles andere mehr, auch ein Reichsschwert, ein Kurschwert, Porzellan und Tapisserien.

Vorher war von Tannenberg in Ostpreußen auf dem Kreuzer »Emden« über die Ostsee nach Kiel ein weiteres Symbol Hitlerdeutschlands gebracht worden, der Sarg Generalfeldmarschalls von Hindenburg und der seiner Frau Gertrud sowie Standarten von preußischen Regimentern. Auch sie wurden mit dem Potsdamer Transport zusammen nach Westen gebracht.

Am 13. 3. 1945 wurde der Infanterieoberleutnant des 1. Garderegimentes zu Fuß, Peter Kraske, ein Berliner, zum Stadtkommandanten befohlen. Kraske schreibt in seinem Tagebuch: »Mit einem Lastzug und einem Begleitkommando habe ich die Särge von Friedrich Wilhelm I., Friedrich dem Großen, Hindenburg und seiner Frau sowie 225 Fahnen und Feldzeichen der Alten Armee nach Thüringen zu evakuieren. Die Särge und ein Teil der Fahnen sind aus dem Ehrenmal in Tannenberg in die Bunkeranlagen des OB der Luftwaffe (mitten im Wald bei Potsdam-Wildpark) überführt worden. Dort übernehme ich sie am Abend. Unser ganzes Kommando wird durch eine beson-

---

König Friedrich hat seine Bedeutung auf dem Gebiet der auswärtigen Politik, auf dem sein Vater gänzlich versagte. Er nahm entschlossen die Überlieferungen seiner Vorfahren Joachim und Friedrich Wilhelm auf, denen er auch darin glich, daß er an der Bildung seiner Zeit seinen Anteil hatte.*

Seine Taten jagten über seine Worte dahin wie ein Regiment schwerer Kavallerie über den Töpfermarkt.

Franz Mehring

---

* Joachim II. Hektor (1505–1571), war seit 1535 Kurfürst von Brandenburg. Am 1. 11. 1539 trat er in Spandau zur Reformation über. 1540 gab er seinem Land die Kirchenordnung, aber im Schmalkaldischen Krieg unterstützte er den Kaiser gegen die Protestanten. Durch eine Erbeinigung mit dem Herzog von Liegnitz, Brieg und Wohlau (1537) und die Besetzung des Erzstifts Magdeburg mit brandenburgischen Prinzen erweiterte er wesentlich das Territorium. – Friedrich Wilhelm (1620–1688), seit 1640 Kurfürst von Brandenburg, genannt der Große Kurfürst. Er übernahm ein vom Dreißigjährigen Krieg verwüstetes Land und schuf den einheitlichen brandenburgisch-preußischen Staat mit einem stehenden Heer, einem landesherrlichen Offizierskorps und einem Beamtentum. In der Domänenverwaltung führte er die Geld- anstelle der Naturalwirtschaft ein.

dere Vereidigung zur Geheimhaltung verpflichtet. In der Nacht fahren wir los, wahrscheinlich wegen der ständigen Bedrohung durch Tieffliegerangriffe. Tagsüber müssen wir alle halbe Stunde anhalten und nach beiden Seiten raus in den Straßengraben.

Am 14. 3. Ankunft in Bernterode im Eichsfeld, 20 Kilometer südwestlich von Nordhausen. Dort werden wir schon in einem stillgelegten Kalibergwerk, das jetzt als Munitionsdepot benutzt wird, erwartet. Wir fahren ein bis auf eine Tiefe von 563 m. So tief unten sind Preußens Könige noch nie gewesen.«

Der Fördermaschinist berichtete später, daß die Särge senkrecht/schräg in den Förderkorb gestellt werden mußten. Ein Sarg wurde beschädigt.

Als die Amerikaner Ende April 1945 in den Schacht Bernterode einfuhren, fanden sie, neben 400000 Tonnen Munition, in einem vermauerten Nebenschacht die Särge und die mit ihnen transportierten Schätze. Sie schafften sie nach Marburg, wo ein Collection point eingerichtet wurde. Zuerst standen die Särge im Keller des Marburger Schlosses, im Februar 1946 kamen sie in das Staatsarchiv, und dann begann hinter den Kulissen der Politik das geheime Spiel um ihr weiteres Schicksal, das schließlich vom State Department in Washington entschieden wurde. Außenminister Byrnes wies an, die Könige in aller Stille in der Elisabethkirche in Marburg zu bestatten, was am 21. August 1946 so geschah. Die Aktion »body snatch« (Leichenklau), wie der Vorgang im amerikanischen Militärslang genannt wurde, fand ihr vorläufiges Ende.

Im Nordchor der Kirche wurde eine Gruft für die Königssärge ausgehoben – gegenüber dem ersten Grab der Landgräfin von Thüringen, einer ungarischen Königstochter –, wobei man auf Fundamente der Franziskuskapelle stieß, einer Vorläuferin der Elisabethkirche. Die Inschrift auf der einfachen Fußbodenplatte, mit der das Grab abgedeckt war, bezeugt, daß hier von 1946 bis 1952 die Könige beigesetzt worden sind. (Die Särge von Hindenburg und seiner Frau blieben bis heute in der Elisabethkirche, links vom Westeingang.)

Den Titel »der Große« hat er sich recht eigentlich erst in den langen und furchtbaren drei letzten Jahren des Siebenjährigen Krieges verdient, nicht durch Genie, aber durch Charakterstärke. Was Friedrich der Welt und Nachwelt in diesen Jahren darbot, war das Schauspiel einer äußersten Standhaftigkeit, Zähigkeit und Unerschütterlichkeit bei völligem Fehlen jeder Hoffnung, einer stoischen Leidensfähigkeit, ja Abgestorbenheit, an der jeder Schicksalsschlag abprallte. Dieser König, der als frivoles »Schoßkind des Glücks« (sein Ausdruck) begonnen hatte, zeigte im Unglück die Haltung eines Indianers am Marterpfahl. Darin liegt seine wirkliche Größe. Daß sie schließlich durch einen rettenden Glückszufall, den russischen Thron- und Bündniswechsel, belohnt wurde, tut ihr keinen Abbruch.

Sebastian Haffner

Freilich hatten die beiden Könige zu Lebzeiten keinerlei Beziehungen zu Marburg. Hier wurden ihre Überreste und ihr Andenken gleichsam versteckt, wohl eine Folge der damaligen Gleichsetzung von Preußentum, Militarismus und Nationalsozialismus. Diese Beziehungslosigkeit empfand auch das Haus Hohenzollern, dessen seit 1951 amtierender Chef Dr. Louis Ferdinand Prinz von Preußen sich von der Regierung Adenauer die Genehmigung holte, die beiden Könige auf der Hohenzollernburg beizusetzen, was im August 1952 in der dortigen Christus-Kapelle geschah, deren Eingang mit der Pforte der Berliner Kaiser-Wilhelm-Gedächtniskirche neu gestaltet wurde. Bei den Einweihungsfeierlichkeiten erklärte Louis Ferdinand, daß eine Rückführung nach Potsdam erst in Frage käme, wenn die Einheit des deutschen Volkes in Freiheit vollbracht sei. Damals stand in Potsdam die Ruine der Garnisonkirche noch.

Mir war klar, daß der Film über diese komplizierten Umstände zum Jubiläum nur laufen könnte, wenn der Chef des Hauses Hohenzollern einverstanden sein und den Inhalt billigen würde. Um mich ihm gegenüber auszuweisen, erbat ich beim Sekretär des Festkomitees eine Vollmacht. Er hatte den Präsidenten des Festkomitees, Erich Honecker, informiert, der augenscheinlich meinen Plan billigte. Mit dem allerhöchsten Segen fuhr ich also auf die Burg Hohenzollern, wo ich Louis Ferdinand zum Geburtstag seines größten Vorfahren am 24. Januar vermutete.

Wenn der König über Probleme der Kriegskunst spricht, die er zum Gegenstand intensiven Studiums gemacht und über die er alles Erdenkliche gelesen hat, dann ist alles nervig, solid und ungemein belehrend. Da gibt es keine Herumrederei. Die Behauptungen, die er aufstellt, weiß er durch Tatsachen und durch die Geschichte, in der er sich gut auskennt, zu beweisen. – Ein Genie und ein Mann, der bewundernswert spricht! Aber jede seiner Äußerung verrät den Schurken. *Joseph II.*

Im klaren Winterlicht lag die verschneite Burg auf dem Hohenzollern majestätisch über Hechingen. Die Winterreifen schafften es, und gegen Mittag war ich oben. Der Burgverwalter wußte nicht so recht, was er mit einem solchen Exoten aus der DDR anfangen sollte, und als er verstand, daß es sich um die Königssärge handele, wurde er blaß. Um in Ruhe telefonieren zu können, organisierte er mir eine Führung. Ich stand zum erstenmal vor den beiden Sarkophagen. Schlicht der alte Zinksarg des großen Friedrich, neu und angemessen einfach auch der bronzene Sarg Friedrich Wilhelms I. Umgeben waren die Särge von nachgestalteten Standarten preußischer Regimenter. Die Burgkapelle ist nach wie vor Stätte religiöser Handlungen, es finden Trauungen und andere Zeremonien statt. Am Abend des Geburtstages hatte sich eine Bundeswehrdelegation aus dem Standort Tübingen angesagt, sie ehrte in jedem Jahr den Preußenkönig. Das erfuhr ich, als mich am späten Nachmittag Dr. Louis Ferdinand Prinz von Preußen empfing. Er hörte sich mein Anliegen an, äußerte sich aber nicht dazu. Er müsse darüber schlafen, außerdem sei am

Abend noch ein Empfang für die Offiziere der Bundeswehr, den er auszurichten hätte. Als ich fragte, ob ich teilnehmen dürfe, meinte er, die Herren aus Tübingen seien nicht informiert und könnten möglicherweise nicht einverstanden sein. So verabredeten wir uns für den nächsten Tag.

Am 25. Januar, am späten Nachmittag, erwartete mich Seine Kaiserliche Hoheit vor seiner Burgwohnung. Er hatte sich Zeit genommen, mich anzuhören, und ich hatte mich vorbereitet. Mit wachsendem Interesse hörte er zu, als ich ihm von dem etwas geheimnisvollen Bild des Johann Christoph Frisch erzählte, das im Schloß Sanssouci hängt. Es stellt dar, wie der junge König mit dem Marquis d'Argens, einem französischen Schriftsteller aus seiner Tafelrunde, auf der obersten Terrasse des Weinberges spazierengeht. Sie beobachten drei Maurer, die eine Gruft bauen. Der Legende nach haben sich die beiden darüber unterhalten, wie das geplante Schloß – der Grundstein war noch nicht gelegt – heißen solle.

Der Mann ist verrückt.

Ludwig XV., als er die Meldung erhält,
Friedrich sei in Schlesien eingefallen

»Als damals der König auf dieser Terrasse mit dem Marquis d'Argens spazierenging und sie sich auch von einer Benennung des neuerbauten Schlosses und Gartens unterhielten, welches bisher nur der Weinberg hieß, so schlug ihm d'Argens vor, es *Sanssouci* zu nennen. ›Recht gut‹, sagte der König, aber bedeutend auf diese Gruft zeigend, welche sie eben im Gehen erreicht hatten, fügte er hinzu: ›Mein lieber Marquis, quand je serai lá, je serai sans souci [erst hier werde ich ohne Sorgen sein].‹«

Richtig ist, daß Preußen muß übern Haufen geworfen werden, wenn das Durchlauchtigste Erzhaus [Österreich] aufrecht stehen soll.

Graf von Kaunitz

Das Bild wurde 1802 auf der Akademieausstellung als Novität gezeigt, ist also um diese Zeit, rund 60 Jahre nach dem Ereignis, entstanden. Frisch übersah dabei – oder er war sich dessen nicht sicher –, daß das Schloß, das er weit im Hintergrund andeutet, während des gemalten Ereignisses noch nicht existierte. Die Gruft mußte also bereits vorher angelegt worden sein. Das Gemälde deutet auf einen Platz im Halbrondell, das heute, wenn man von unten kommt, rechts vor dem Schloß liegt.

Beisetzung Friedrichs II.

Aber warum wurde der König 1786 nicht hier, sondern in der Garnisonkirche begraben? Prinz Louis Ferdinand konnte mir die Frage auch nicht beantworten, das ganze Problem war ihm völlig neu und interessierte ihn in höchstem Maße. Er kommentierte knapp: »Wenn es so ist, wie Sie sagen, müßte das Grab ja zu finden sein. Bitte unterziehen Sie sich der Mühe, das festzustellen!« Ich versprach es, und wir verabredeten uns zu einem baldigen Termin.

Der Wunsch Friedrichs II., auf dem Weinberg begraben zu werden, entsprang dem damaligen Zeitempfinden. Bereits 1679 hatte sich Prinz Johann Moritz von Nassau-Siegen in einem Waldstück bei Kleve bestatten lassen. Nach diesem Beispiel legte Friedrich II. den Ablauf seiner Beerdigung testamentarisch fest. Während des Siebenjährigen Krieges, als ihn oft genug der Tod streifte und er befürchten mußte, in der Schlacht zu fallen, wiederholte er in

Er quartiert sich unter einem Zelt ein, im Mittelpunkt seines Lagers. Er ist es, der alle Befehle erteilt und sich um den ganzen Einzeldienst kümmert, welchen in den französischen Heeren der Quartiermeister von der Kavallerie und der Generalmajor versehen. Er befaßt sich mit der Verpflegung, der Artillerie und dem Geniewesen, er hat auch selber den Plan zur Berennung von Brieg [1741] entworfen. Er erhebt sich früh um vier Uhr, steigt zu Pferde und besucht vom rechten Flügel bis zum linken alle Posten und Außenposten seines Lagers. Er versieht persönlich alle Offiziere und Generäle, die er abordnet, mit Befehlen und Verhaltungsmaßregeln, und ihm persönlich erstatten alle, die sich zurückmelden, Bericht.

Guy Louis Henri Marquis de Valory (1692–1774),
1739–1750 und 1756 französischer Gesandter in Berlin

Befehlen an seine Generäle mehrmals die Festlegungen des Testaments:

»Ich habe als Philosoph gelebt und will als solcher begraben werden, ohne Pomp, ohne Prunk und ohne die geringsten Zeremonien. Ich will weder geöffnet noch einbalsamiert werden. Sterbe ich in Berlin oder Potsdam, so will ich der eitlen Neugier des Volkes nicht zur Schau gestellt und am dritten Tag um Mitternacht beigesetzt werden. Man bringe mich beim Schein einer Laterne, und ohne daß mir jemand folgt, nach Sanssouci und bestatte mich dort ganz schlicht auf der Höhe der Terrasse rechterhand, wenn man hinaufsteigt, in einer Gruft, die ich mir habe herrichten lassen. Sterbe ich auf der Reise, so will ich, daß mein Körper an Ort und Stelle beigesetzt und bei Eintritt des ersten Frostes ohne jedwede Ceremonie nach Sanssouci gebracht werde.«

Nachdem der Schnee geschmolzen war, suchte man an der bezeichneten Stelle und fand einen Hohlraum. Außerdem deutete die Begräbnisstelle der Windspiele auf die Nähe des königlichen Grabes hin. Die Hunde waren immer um Friedrich gewesen und sollten auch nach seinem Tode bei ihm sein. Die Grasnarbe, etwa 30 cm dick, wurde etwas angehoben. Man stieß auf eine gemauerte Decke. Das Grab befand sich in gleich gutem Zustand wie 1860, als es ein einziges Mal geöffnet worden war.

Es fand sich auch ein Zeugnis dafür, warum – entgegen dem Letzten Willen des Königs – die Gruft unter dem

Königsgruft in der Garnisonkirche

Altar der Garnisionkirche gewählt worden war: Friedrich starb kinderlos. Sein Nachfolger Friedrich Wilhelm II. war sein Neffe. Der entschied nach Besichtigung der Grabkammer, der große König sei an der Seite seines Vaters in der Garnisonkirche zu bestatten, und zwar keineswegs schlicht, sondern mit allen Trauerzeremonien, die auch für Friedrich Wilhelm I. gehalten worden waren. Carl von Gontard oblag die Gestaltung des Leichenbegängnisses, das am 9. September 1786 stattfand. Nach der Feier im dekorierten Stadtschloß geleiteten alle Hofangehörigen, also die Familie und die Minister und Generäle und andere wichtige Personen, den leeren Prunksarg in die Garnisonkirche, wo der Trauergottesdienst sehr aufwendig zelebriert wurde. Fast 600 Personen waren danach zur Tafel geladen.

Preußen ist mit keinem anderen Staat vergleichbar. Es ist größer und will nicht bloß, sondern muß größer sein, als sein natürliches Gewicht mit sich bringt. Es muß also zu diesem etwas hinzukommen. Zu Friedrichs II. Zeiten war es dessen Genie.

Wilhelm von Humboldt

Warum war der Letzte Wille, der bei jedermann als zu respektieren gilt, nicht eingehalten worden? Sein Neffe hat die Begründung gegeben: »Weniger kann und darf ich nicht tun als mein seliger Onkel an Friedrich Wilhelm I. getan hat. Aber ein Mehreres zu tun steht in meiner Gewalt.« Friedrich Wilhelm II. hatte nichts von dem aufklärerischen, durch die Philosophie der Zeit geprägten Geist seines Onkels verstanden, sondern ließ sich, wie so viele Herrscher bis heute, vom höfischen Zeremoniell leiten. Je aufwendiger die Trauerfeiern, desto mehr Glanz fällt auf diejenigen, die hinter dem Sarg hergehen.

Bei unserem nächsten Zusammentreffen unterbreitete ich Prinz Louis Ferdinand den Vorschlag, nach über zweihundert Jahren das Testament zu erfüllen, wozu er schon als Nachfolger, Chef des Hauses Hohenzollern und noch vom Kaiser zum Offizier geschlagener Traditionsbewahrer der Familie verpflichtet sei. Louis Ferdinand, ein der Gegenwart und ihren politischen Konstellationen aufgeschlossener Mann, verstand, daß die Argumente dafür sprachen, aber er hatte bei der Überführung der Särge auf seine Burg eine Bedingung gestellt, von der er auch nicht abgehen wollte, als ich ihm vorschlug, er solle sie als vom damals kräftig angeheizten kalten Krieg bestimmt betrachten. So sagte er nicht Nein aber auch nicht Ja. Gut' Ding wolle Weile haben. Ich würde noch den Tag erleben, wo wir in Sanssouci am Grab stünden.

In den meisten Provinzen Preußens sicherte Friedrich II. den Bauern Eigentumsrecht. Nach der Eroberung Schlesiens zwang er die Grundherren zur Wiederherstellung der Hütten, Scheunen usw., zur Ausstattung der Bauerngüter mit Vieh und Gerät. Er brauchte Soldaten für seine Armee und Steuerpflichtige für seinen Staatsschatz.

Karl Marx

In der Verwaltung der Schlösser und Gärten hatte inzwischen Generaldirektor Joachim Mückenberger drei Vorschläge für die Gestaltung des Grabes ausarbeiten lassen. Mit ihnen und einer Einladung zum Festakt anläßlich der 750-Jahrfeier in Berlin fuhr ich ein weiteres Mal auf die Burg Hohenzollern. Louis Ferdinand war überrascht, erkannte aber wohl in dem plötzlichen Sinneswandel Honeckers in bezug auf das Haus Hohenzollern den Versuch, ein politisches Faktum zu schaffen. Jedenfalls erbat er sich Bedenkzeit und beriet sich mit Bundeskanzler Helmut Kohl. Ich bekam die Antwort, er sei leider in der fraglichen Zeit im Ausland, würde Sanssouci, das er seit 1945 nicht gesehen hatte, aber gern zu einem anderen Zeitpunkt besuchen.

An einem schönen Tag holten meine Frau und ich ihn und seine Söhne in Berlin-Grunewald ab und fuhren nach Potsdam, wo er wie gebannt vor der Fontäne stand und zum Schloß hinaufsah. Als er dann auf einer Bank am leeren Grab saß, mag er den Entschluß gefaßt haben, das Testament zu erfüllen. Beim Mittagessen sagte er wie beiläufig zu mir, daß er völlig verstanden habe, was Friedrich II. gerade mit diesem Platz verbinde.

Der Tag hatte ein volles Programm: Besuch des Marmorpalais, seines Geburtshauses, wo er militärich exakt vom Direktor des Militärmuseums begrüßt wurde, Besuch des Grabes Friedrich Wilhelm IV. in der Friedenskirche, wo Louis Ferdinand eingesegnet worden war. Ein Nelkenkreuz auch am Grabe Kaiser Friedrichs III. im daneben gelegenen Mausoleum. Darüber hat Louis Ferdinand in seinem Erinnerungsbuch »Im Strom der Geschichte« ganz persönlich berichtet. Zum Schluß des Tages noch ein kleines Konzert in den neuen Kammern, wo Künstler des Potsdamer Theaters Musik Friedrichs II. spielten und – zu seiner Überraschung – einiges aus dem umfangreichen Liedschaffen des Komponisten Louis Ferdinand vortrugen. Dieser Besuch hat Potsdam in seinem Bewußtsein wieder lebendig werden lassen, und es blieb nicht der einzige. Nur sein Elternhaus, Cecilienhof, hat Louis Ferdinand nicht betreten, davor liegt ein alter Streit, der mit der Fürstenenteignung 1926 und dem Kontrollratsbeschluß 1947 zu tun hat und Narben hinterließ, obwohl seine kleine Wohnung in den Zimmern 48/49 fast unverändert ist. Doch vielleicht wird sich die Verkrampfung auch eines Tages lösen.

Friedrich der Große war und bleibt eine der staunenswerten, überragenden Gestalten der deutschen Geschichte. In seinem Leben gibt es Beispiele für entschlossenen Mut und Wankelmut, für den tiefen Willen zur Gerechtigkeit und für platte Willkür, für Selbstbeherrschung und Launenhaftigkeit, für Treue und Verrat, für Humanität und Grausamkeit, für Pflichterfüllung und Leichtsinn, für Genialität und schwere Fehler in der Schlacht.

Richard von Weizsäcker

Ich habe versucht, bei meinen häufigen Begegnungen mit Louis Ferdinand und seiner Familie die gegenseitigen Vorurteile abzubauen, was wohl auch gelungen ist. Nur in einem Punkt hat die Entwicklung der Jahre 1989 und 1990 alle Bemühungen überflüssig gemacht. Sie hat die Mauer hinweggefegt und damit die entscheidende Voraussetzung für die Erfüllung des Testaments gewissermaßen nebenbei miterledigt.

Ich, der ihn sah und hörte, ich, der bis zum Grabe den holden Stolz hegen wird, ihn gefesselt zu haben, ich bebe noch, und meine Seele entrüstete sich über das unwürdige Schauspiel, das Berlin meinen erstaunten Augen am Todestage des Helden bot, der die Welt in Staunen schweigen oder vor Bewunderung reden hieß. Alles war düster, niemand traurig. Alles war geschäftig, niemand betrübt. Kein Bedauern, kein Seufzen, kein Wort des Lobes!

Damit also enden so viele gewonnene Schlachten, so viel Ruhm, eine Regierung von fast einem halben Jahrhundert, erfüllt von so vielen Wundern! Man war dessen müde bis zum Haß.

Graf von Mirabeau (1749–1791), der 1786/87 u. a. als französischer Agent in Berlin weilte, von Friedrich II. empfangen wurde und über dessen Monarchie ein mehrbändiges Werk schrieb

---

Im Mai 1990 kam das entscheidende Wort. In einem Film des Westdeutschen Rundfunks, der den Deutschen Fernsehfunk und seinen Generalintendanten bekannt machen sollte, interviewte ich den Chef des Hauses und fragte ihn natürlich, wann er den Letzten Willen des Königs erfüllen werde. Die Antwort war nun eindeutig und bestimmt: »Am 17./18. August 1991.« Es ist der 205. Todestag. So lange dauern manchmal die Dinge, und ich hoffe, daß der Mann, der allein die Entscheidung getroffen hat, auch die seit der friedlichen Revolution mit einem besonderen Symbolgehalt umgebene Kerze in das Windlicht setzen wird, um als Handwerker den Sarg zu begleiten und den Vorgang »im Scheine einer Laterne« zu erhellen.

Sanssouci ist in den vergangenen Jahren vor allem als Architektur- und Garten-Kunstwerk beschrieben worden, aber es war vor allem auch Ort der Regierung und vieler

Entscheidungen. Lieber als in den Schlössern von Berlin und Potsdam hielt Friedrich sich hier auf, und wenn das Frühjahr kam, zog er auf seinen Weinberg. Hier war er am liebsten, und hier führte er auch ein Leben ohne überflüssiges Protokoll. Man sagt, daß er ohne Wachen lebte, nur nachts seien drei Grenadiere aufgezogen, es sei sehr einfach gewesen, zu ihm zu gelangen und mit ihm zu sprechen. Ein Teil mag Legende sein, aber daß er hier oben oft in gelöster Stimmung war, ist wohl unbestritten.

Ja, seine Niederlagen nicht weniger als seine Siege beschäftigten nah und fern die Herzen der Menschen, das Groteske, das Donquijotehafte seines Daseins trug dazu bei, seine Figur zu vergrößern und volkstümlich zu machen, sein Bild mit dem heruntergezogenen Mund, den glanzblauen Augen und dem dreieckigen Hut, mit Krückstock, Stern, Fangschnur und Kanonenstiefeln hing in Hütte und Haus; er wurde legendär bei lebendigem Leibe. Von nun an hieß er »Der Alte Fritz« – ein schauerlicher Name, wenn man Sinn fürs Schauerliche hat; denn es ist wirklich im höchsten Grade schauerlich, wenn der Dämon populär wird und einen gemütlichen Namen erhält.

Thomas Mann

Friedrich II., der sich selbst als Dichter und Schriftsteller betrachtete, hat seine Zeit in mannigfaltiger Form beschrieben, die Geschichte seines Hauses, des Siebenjährigen Krieges. Er verfaßte Erinnerungen, Briefe und ungezählte Gedichte, insgesamt an die dreißig Bände. Leider hat er aber nicht die Muße gefunden, sein Leben und seine Überzeugungen zusammenhängend darzustellen, obwohl in allen seinen Schriften von allem etwas enthalten ist.

So wollen wir uns vorstellen, was er uns Menschen, die zweihundert Jahre nach seinem Tode sein Schloß besuchen, wohl mitteilen würde.

Ihm schauen alle Völker der Welt mit traurigen Blicken nach.

Johann Wolfgang Goethe (1786)

Ich, Friedrich

Berliner Schloß (von der Langen Brücke)

Der für einen König immerhin etwas respektlose Ausdruck »Alter Fritz« ist Ende der siebziger Jahre entstanden. Wo? Natürlich stammt er von den Berlinern. Wir liebten uns nicht besonders, die Berliner hatten ihre eigene Rechnung mit dem Hofe. Das Mißtrauen stammte noch aus der Zeit meiner Vorfahren, aber sie respektieren, wenn jemand sich bemüht. So erkannten sie genau, daß ich nach den schweren Kriegen und den verlorenen und gewonnenen Schlachten unablässig tätig war, das Land in Schwung zu bringen, mich nicht schonte und dabei alt und müde geworden war. Es wurden auch verschiedene Geschichten über mich erzählt, mit allen Übertreibungen, versteht sich. Mir war es recht, es schmeichelte mir. Die Leute verstanden, daß ich gegen die Bürokratie ankämpfte, doch wenn ich ehrlich bin vor mir selber, ein Rezept dagegen habe auch ich nicht gefunden. Manchmal hätte ich am liebsten mit dem Knüppel dreingeschlagen wie mein Vater, der sich nicht genierte.

Ein Regent muß seinen Beruf darin sehen, so viel es in seiner Macht liegt, menschliches Elend zu heilen. Ein Fürst ist für sein Volk, was das Herz für den Bau des Körpers ist. Er empfängt Blut von allen Gliedern und treibt es zurück bis in die äußersten Spitzen.

F

In der zweiten Hälfte unseres aufgeklärten Jahrhunderts war das keine Methode mehr, die half. Der Verstand mußte regieren. Mein Vater hat mir mit erhobenem Zeigefinger erzählt, bei meiner Geburt wäre kein Geld dagewesen, um den Berlinern ihr Feuerwerk zu bieten. Nur ein paar Salutschüsse von der Spandauer Festung zeigten mein Kommen an. Dabei war ich der ersehnte Thronfolger. Zwei Brüder

Herold

waren bereits gestorben, meine Schwester Wilhelmine setzte die Familienabfolge fort, allein damals war es undenkbar, daß eine Frau auf dem Throne saß. Das gibt es erst seit Maria Theresia.

Nicht einmal Geld für ein Feuerwerk? Mein Großvater Friedrich I., König in Preußen, war körperlich ein wenig zurückgeblieben und kompensierte seine mangelhafte Erscheinung damit, daß er viel Geld für allerlei Feste und kostbaren Schmuck ausgab. Die Mittel für seine teure Hofhaltung wurden aus den Bauern gepreßt, aber das ging auf die Dauer nicht gut. Die Dorfbevölkerung lief vor den Steuereintreibern in den Wald, und wo nichts ist, hat auch der König sein Recht verloren. Als die Bauern nichts mehr hatten, kam die Hungersnot und mit ihr die Ruhr und in deren Gefolge die Pest. Zweihunderttausend starben. Immer neu aufgenommene Kredite belasteten die Finanzen, der Staatsbankrott drohte.

Tod des Großvaters

Nach meiner Geburt am 24. 1. 1712 regierte Großvater noch ein Jahr, dann übernahm mein Vater das böse Erbe. Nicht

Hofgesellschaft bei Parade

alles war umsonst ausgegeben, meine Großmutter Sophie Charlotte, eine kluge Frau, hatte sich dafür eingesetzt, daß die Akademie gegründet und Leibniz ins Land geholt wurde, doch mein Vater hatte überhaupt keinen Sinn für Wissenschaft, er hielt sie für Scharlatanerie und verließ sich lieber auf das, was er sehen und verstehen konnte. Und im Staat Preußen sah er sehr viel Unordnung, Mißwirtschaft und Korruption. Wenn unser Land gesunden sollte, mußte er streng durchgreifen. So ordnete er alles und jedes mit Instruktionen, Reglements genannt. Die Generalinstruktion zerfiel in viele, viele Teile. In 297 Paragraphen war jeder Handgriff und Verwaltungsgang geregelt, das wurde später preußische Ordnung genannt. Wann durfte man eine Dienstreise unternehmen, wann die Bauern mit Recht in die Verwaltung bestellen und wann nicht? Der Laternenanzünder arbeitete nach Reglement, die Marktfrauen mußten stricken, wenn sie auf Kunden warteten, die Pastoren durften nicht lange predigen, um die Leute nicht von der Arbeit abzuhalten. Der König nutzte die Zeit, er erwartete das auch von allen anderen Landeskindern.

Die Ernennungen nahm mein Vater selbst vor, außer ihm durften nur noch die Minister subalterne Beamten einsetzen. Wer jemanden empfahl, haftete persönlich für dessen Tauglichkeit, er konnte für einen schlechten Vorschlag sogar vor Gericht gestellt werden. Auf seinen Fahrten durch das Land kontrollierte Vater unerwartet seine Staatsdiener, und wenn er unzufrieden war, schlug er ohne Ansehen der Person mit seinem Stock drauflos.

Während seiner fast dreißigjährigen Regierungszeit vollbrachte er rühmenswerte Taten. Im Osten gründete er über zwanzig Städte. Er holte Zehntausende Handwerker und Bauern ins Land, die andernorts wegen ihres Glaubens verfolgt wurden. Obgleich er strenger kalvinistischer Christ war, tolerierte er andere Glaubensrichtungen. Was blieb ihm auch anderes übrig? Er brauchte Siedler. »Menschen halte ich für den größten Reichtum« – war einer der Sprüche, die er mir einprägte. Die Folgen seiner strengen Regierung waren bald spürbar, der Druck auf die Bauern ließ nach, versumpfte Ländereien wurden trockengelegt. Er wußte, was er tat, als er zum Exempel die Ausfuhr ungesponnener Wolle verbot. Damit konnte man nichts verdienen. Wer dagegen verstieß, konnte es allerdings bis zum Galgen bringen.

Die Leute nannten meinen Vater den Plusmacher, nicht ohne Anerkennung. Sparen, auch am Hofe, und möglichst sinnvoll produzieren. In diesem Sinne erzog er seine Beamten, in diesem Sinne sollte auch ich erzogen werden. Mit sechs Jahren saß ich bereits auf dem Pferd und sollte eine

Kompanie von Adelssöhnen befehligen, und er verstand überhaupt nicht, daß ich keinerlei Spaß daran fand. Wenn ich auf den Jagdausflügen, zu denen ich immer mit mußte, fror und Handschuhe anzog, nahm er sie mir weg; ich sollte abgehärtet werden. Ich lernte das Jagen hassen, und zwar für das ganze Leben. Dabei wollte er mich zu einem Soldaten erziehen. Um Preußen stärker zu machen, mußte im Staat allgemein gespart und der Staat allgemein militarisiert werden. Wir hatten nur ein Zehntel der Fläche von Österreich, doch eine gleich große Armee. Jeder zwölfte erwachsene Mann stand unter Gewehr. Die Armee bestimmte das Leben im Staat. Sie erhielt den größten Teil des Budgets und war der größte Wirtschaftsfaktor. Viele Lieferanten lebten von den Garnisonen. Am teuersten war die Garde, doch mein Vater war vernarrt in seine »Langen Kerls«. In diesem Punkt ließ er nicht mit sich reden, vielleicht weil er

Die Garde der »Langen Kerls«

selber nur 5 Fuß maß und so rund wie eine Kugel war.* Auf's Pferd kam er nur mit Hilfe von vier starken Männern.

»Soldaten sind meine Schwäche«, bekannte er freimütig, sie seien ihm lieber als die schönsten Mädchen. Seine Werber zogen durch alle Länder, machten oftmals die großgewachsenen Männer besoffen und ließen sie dann unterschreiben. Wenn sie aus dem Rausch erwachten, lagen sie schon in der Kaserne und hörten das Gebrüll der Korporäle. Auch sie lebten nach strengem Reglement. Sie lernten im Gleichschritt marschieren. Vaters Feldmarschall Fürst Leopold von Anhalt-Dessau hatte ihn eingeführt. Erst der Gleichschritt macht aus einer Gruppe von Soldaten eine militärische Einheit. Auch sonst war alles gleich, von der Länge des Haarzopfs bis zum Gebrauch des Gewehrs. Alle Mann schossen gleichzeitig alle 10 Sekunden. Die anderen Armeen brauchten eine halbe Minute.

Die Wehrverfassung ging davon aus, daß der Gutsherr gleichzeitig der Offizier seiner Bauern war, er diente praktisch sein Leben lang. Dafür erhielt er Ruhm und Ehre; der preußische Offizier muß das Leben im Staate bestimmen. War seine Einheit gut gedrillt, galt er als guter Preuße, seine Uniform war ausreichender Ausweis staatstreuer Gesinnung. Wer die Disziplin verletzte, wurde gnadenlos bestraft. Prügel – Fuchteln, wie es hieß – und das Spießrutenlaufen hielten die Furcht vor Offizier und König aufrecht. Ungebärdige Offiziere kamen auf die Festung – auch kein Zuckerlecken. Ich weiß, wovon ich spreche. Selbstmord war unter Vaters Soldaten nicht selten. Die Toten wurden dann öffentlich über das Pflaster geschleift und auf den Schindanger geworfen.

Die fremden Gesandten bei uns berichteten an alle Höfe Europas. Die preußische Armee war in aller Munde, sie sollte ja auch Furcht und Schrecken erregen und hat doch während Vaters gesamter Regierungszeit keinen Krieg ge-

* Friedrich Wilhelm I. war 1,60 Meter groß

führt. Der Alte war klug genug, nicht anzufangen. So schnell schießen die Preußen nicht – das Wort stammt aus jener Zeit. Allerdings nahmen unsere Kontingente am Reichsheer teil, wenn der Kaiser in Wien irgendwelche Reichsinteressen – meistens handelte es sich um Erbfolgeauseinandersetzungen – verfocht, wozu wir mit zehntausend Mann beitragen sollten. Diese Kriege wurden meistens lustlos geführt, mit ihren Zielen hatte Preußen wenig zu tun, und am Kräftespiel änderten sie nichts. Wir bewiesen unsere Loyalität zum Reich und zum Kaiser.

Oft genug befürchtete ich in erwachsenen Jahren, daß wir nur vor andere Karren gespannt würden, denn mein Vater war nach eigenem Eingeständnis durchaus kein Diplomat, und so wurde er auf dem Felde dieser feinen Kunst auch nicht ernstgenommen. Er sagte alles geradeheraus, und was er dachte, konnte man genau erkennen, auch die Familie. Meine Mutter Sophie Dorothea war eine englische Königstochter und hing sehr an ihrer Herkunft. Im Inneren hielt sie den preußischen Hof und die Methoden meines Vaters für barbarisch. Da er das spürte, kam wirkliche Liebe nicht auf, sie lebte ihr eigenes Leben. Weder geliebt noch geachtet, da muß Verbitterung einziehen. Wenn sie sich mit unserer Erziehung beschäftigen wollte, ging Vater dazwischen. Er wies an, daß ich – genauso wie meine Geschwister – meine Mutter nur besuchen durfte, wenn er zugegen war. Meine Erziehung bestimmte allein er; er verordnete das Pensum für die Lehrer: Rechnen, biblische Geschichte, die Geschichte unseres Hauses in den letzten hundert Jahren, etwas Wirtschaftskunde, die deutsche und französische Sprache. Latein war unnütz.

Überraschend erschien er in der Schulstube. Einmal erwischte er uns beim Latein. Auf seine Frage, was ich täte, antwortete ich wahrheitsgemäß: »Ich dekliniere lateinische Substantive.« Da verprügelte er meinen Lehrer Duhan und trieb ihn mit Fußtritten aus dem Zimmer. Ich hatte mich vor Angst unter dem Tisch verkrochen. Vater zog mich an

Weissagung

den Haaren wieder hervor und ohrfeigte mich hart. Wie oft habe ich davon Alpträume gehabt!

Die Jugend verging freudlos. Manchmal schlichen wir uns zur Mutter und suchten Trost bei ihr. Wenn auf dem Gang die Sporen meines Vaters klirrten, schob sie uns ins Nebenzimmer oder sogar in die Toilette. Dann hörten wir, wie er ihr ihre Abkunft vorwarf und sie der heimlichen Verbindung mit dem englischen Hof bezichtigte.

Wie würde mein Vater erstaunen, wenn er mich an der Spitze einer siegreichen Armee mitten im österreichischen Lande sähe! Er würde seinen Augen nicht trauen. *F (1740)*

In dieser Atmosphäre des Hasses zwischen den Eltern versuchte ich, mein eigenes Leben zu führen. Als mir ver-

Versteck vor dem Vater

boten wurde, auf den Schloßfluren zu hüpfen und zu springen oder mich gar hinter Säulen zu verstecken, übte ich auf der Flöte oder paukte Französisch. Die Wonnen beim Lesen französischer Literatur konnte mir mein Vater nicht streitig machen. Mein Lehrer verstand das und besorgte mir immer neue Bücher. Vom Schulpensum lernte ich nur das Nötigste, und das stellte sich natürlich bald heraus.

Nun wurde mein ganzer Tagesablauf genau reglementiert, worüber eine Menge Leute wachen mußten: Um sieben Uhr wurde ich geweckt, der Kammerdiener stellte mir die Pantoffeln hin, und ich mußte, vor dem Bett kniend, ein kurzes, wortwörtlich vorgeschriebenes Dankgebet sprechen, das mit einem Vaterunser schloß. Dann wurde ich schnell angezogen und mußte mich »propre waschen«, den Zopf drehen und pudern. Während der Kammerdiener schwänzte und puderte, frühstückte ich und trank meinen Tee. Das alles dauerte gerade eine Viertelstunde. Viertel nach sieben begann der Unterricht; zuerst wieder Gebete, Bibelkunde und Gesang, dann nacheinander die anderen Fächer.

Am Sonnabend wurde wiederholt, jede Woche war Prüfung. General Graf von Finkenstein und Oberst von Kalkstein wohnten der Wiederholung bis halb elf bei. Waren sie zufrieden, durften sie nach der Weisung des Vaters verfahren: »Hat er profitiert, so ist der Nachmittag vor Fritzen. Hat er aber nicht profitiert, so soll er von zwei Uhr bis sechs Uhr alles repetieren, was er in der vorigen Woche vergessen hat!«

»Erzieher«

Ich gab mir Mühe, denn ich wollte nicht repetieren, sondern den Nachmittag nutzen für meine französischen Bücher. Diese Sprache gefiel mir immer besser, je mehr ich in sie eindrang. Sie ist elegant und klangvoll, biegsam in ihrem Ausdruck und gut geeignet für eine geistvolle Unterhaltung. In diesen Büchern, egal ob es ernsthafte Betrachtungen der Welt oder leichte Darstellungen von Amouren waren, wie sie d'Argens schrieb, war alles so leicht, so fröhlich, so ketzerisch, der völlige Gegensatz zu der muffigen Stimmung bei uns im Schloß. Am Sonnabend baute ich mir eine Mauer aus Ideen. So lernte ich Listen anzuwenden, zwischen den Personen zu lavieren, dem Vater gegenüber so zu tun, als ob ich gläubig sei. Warum sollte ich direkt widersprechen, wenn dabei nichts erreicht werden konnte?

Doch der Vater argwöhnte weiterhin. Bei einer Gelegenheit ließ er mich von seinem Pastor in Religion prüfen. Viele Fragen, und ich antwortete auf jede, aber ob ich glaube, haben sie nicht erfahren. Die beiden erwachsenen Männer haben mich wohl durchschaut, denn sie akzeptierten meine Spitzfindigkeiten nicht. Vater meinte, ich hätte keinen Glauben, in mir stecke der französische Zweifel, und dabei wußte ich noch gar nichts von Descartes Satz: An allem ist zu zweifeln!

Vater warf meinen guten Duhan hinaus. Dabei hatte ich noch nichts gründlich gelernt, kein Fach war ordentlich abgeschlossen. Statt Duhan kamen vier Offiziere, um mich in die Garde einzuführen. Einer mußte immer an meiner Seite sein. So kam mir eine Reise nach Dresden zum Karneval sehr gelegen. Ein König muß mit Gefolge reisen. Handelt es sich um einen Höflichkeitsbesuch, wie in diesem Falle, muß auch jemand aus der Familie dabei sein. Vater hatte wohl überlegt, daß Reisen bilden kann, und so nahm er mich mit; es war im Februar 1728.

Der sächsische Hof war tagelang in einer einzigen Feier. Das Schloß erstrahlte in hellstem Lichterglanz, die Musikanten spielten, die maskierten Kavaliere und ihre Damen tollten durch die Gänge und in jedem Raum. Ich war ganz trunken, wie geblendet. König August war sehr nett zu mir und nahm mich oft an seine Seite. Vater befahl, ich solle mich zurückhalten, besonders als er bemerkte, daß einige Damen sich um mich scharten, mich neckten und streichelten. So etwas war ich nicht gewöhnt, und ich tat es auch

Frivoles Spiel

nicht von mir aus, aber ich fühlte mich wie im siebenten Himmel. Als August und mein Vater durch das Schloß gingen und die Räume des Königs betraten, die ich sehr üppig fand, fiel wie zufällig eine Tapetenwand um. Auf einem Bett lag eine völlig nackte Dame. August sagte, es sei die Gräfin Formera. (Sie galt allgemein als seine Mätresse). Ich hatte noch nie ein nacktes Weib gesehen, und nach einem erschauernden Blick riß mein Vater seinen Hut vor mein Gesicht und führte mich beiseite, während August und die Dame lachten.

Danach wurde auch am Berliner Hof erzählt, sie hätte mich in die Liebe eingeführt. (Dazu äußere ich mich nicht). Als wir nach Hause kamen, dachte ich immer noch darüber nach, warum unser Hof nicht so lustig war. Vater schimpfte über die Verschwendung. Der Sachse lebe auf Pump. Ich aber erzielte doch einen kleinen Gewinn. Der Flötenvirtuose und Kapellmeister durfte ab und zu nach Berlin kommen, um mich zu unterrichten. Wir hatten zu-

Die nackte Gräfin

sammen musiziert, und er meinte, ich hätte das richtige Gefühl für die Flöte. Auch meine Schwester, die Wilhelmine, erhielt einen Lautenlehrer aus Dresden.

Wenn Johann Joachim Quantz kam, brach für mich die Seligkeit an. Wir musizierten gemeinsam, er am Spinett, und ich parlierte auf der Flöte. Manchmal ließ er mich frei variieren, und er übernahm die zweite Flöte, ein Wohlklang, wenn wir beide ein gutes Thema gefunden hatten. Immer brachte er etwas Neues mit, und wenn die Musiker ihre Instrumente stimmten und die Hofgesellschaft sich einstellte, um zuzuhören, fühlte ich mich wie ein Künstler. Quantz war klug, er schrieb mir nur solche Sachen, die mich jeweils etwas voranbrachten. Alles in allem hat er fast 500 Werke für die Flöte geschrieben, die ich wohl alle kennengelernt habe.

Später kam er dann an meinen Hof, und ich ernannte ihn zu meinem Hofkompositeur. Er wiederum zog andere gute Musiker an, den Carl Philipp Emanuel Bach, den Franz Benda aus Böhmen, und mit dem berühmten Graun, der die Staatskapelle hatte, standen wir in musikalischer Hinsicht anderen Höfen nicht nach.

Vorerst aber achtete ich darauf, daß ich gute Musiker als Trommelmusikanten in mein Regiment nach Ruppin bekam. Wenn der König außer Reichweite war, spielten wir, was uns in den Sinn kam. Vater war wohl im unklaren, ob es richtig war, daß er mich nach Dresden mitgenommen hatte. Es änderte sich jedenfalls nichts in seiner Haltung zu mir, er grollte wie immer. Ich schrieb ihm, und er antwortete gleich. Wieder nur Vorwürfe.

Da versuchte ich es bei einem Abendessen mit ausländischen Gesandten, wo ich am anderen Ende der Tafel saß. Gewiß, ich hatte mir mit Wein Mut angetrunken, und dann versicherte ich ihn vor allen Anwesenden meiner Liebe und Zuneigung, bin gar vor ihm auf die Knie gefallen und habe seine Hände geküßt. Alle sahen gerührt zu, und der König schickte mich ohne Schimpfereien ins Bett: ich solle mich nur ausschlafen.

Doch bald kamen ihm wieder Zweifel an meiner Aufrichtigkeit. Er schäumte abermals vor Haß, schlug auf mich ein, würgte mich. Ich mußte seine Stiefel küssen, und er ver-

Bei Tische

höhnte mich dazu. Mit etwas Mut hätte ich mich umgebracht.

Was gilt es, wenn ich Dir recht Dein Herz kitzele, wenn ich aus Paris einen maître de flûte [Flötenlehrer] mit etlichen zwölf Pfeifen und Musique-Büchern, ingleichen eine ganze Bande Komödianten und ein großes Orchester kommen ließe, wenn ich Franzosen und Französinnen, auch ein paar Dutzend Tanzmeister nebst einem Dutzend petits-maîtres [Stutzer] verschriebe, so würde Dir dieses gewiß besser gefallen, als eine Compagnie Grenadiers, denn die Grenadiere sind doch, Deiner Meinung nach, nur Canailles, aber ein petit-maître, ein Französechen, ein bon mot, ein Musiquechen und Komödiantechen, das schein etwas Nobleres, das ist was Königliches, das ist digne d'un Prince [eines Prinzen würdig].

Friedrich Wilhelm I. an seinen Sohn

Die Botschafter waren schon aufmerksam geworden und beobachteten alle Spannungen zwischen uns. Der Österreicher hatte sogar unseren Kriegsminister bestochen und zahlte ihm 1000 Dukaten im Jahr dafür, daß er ihn die geheimsten Unterlagen abschreiben ließ. Der Kammerdiener meines Vaters erhielt auch etwas und bestach seinerseits die Kammerzofe meiner Mutter, um zu erfahren, welche Verbindungen sie zu ihrer Familie unterhielt. In London wiederum erhielt unser Gesandter ebenfalls von den Österreichern dafür Lohn, daß er mitteilte, ob sich eine Annäherung zwischen beiden Häusern anbahnte. Natürlich wußte ich damals nichts davon.

Warum das alles?

Es ging um europäische Politik; die Anzeichen für eine Besserung der Beziehungen zu England mehrten sich tatsächlich, denn Mutter betrieb eine Hochzeit, sogar eine Doppelhochzeit.

Wilhelmine sollte den Prinzen of Wales, den Thronfolger, heiraten, und ich sollte Amalie, die Tochter des Königs, meines Onkels, zur Frau nehmen. Wir beiden Geschwister waren entzückt von diesen Aussichten. Vater, der

Doppelhochzeit?

seine Abneigung gegen das Haus meiner Mutter nie verhehlt hatte, schwankte. Diese Heiraten würden die politische Lage im ganzen Kontinent verändern! Georg II. war einverstanden und wollte nur einen förmlichen, außenpolitischen Vertrag damit verbinden. Alles war mir recht, wenn ich nur der Fuchtel des Vaters entfleuchen konnte.

Nun aber wurden die Österreicher, die alles wußten, besonders aktiv, denn sie mußten gegen eine Stärkung Englands auf dem Kontinent sein. Und Vater bewies wieder einmal, daß er beileibe kein Diplomat war. Er hörte auf die Einflüsterungen der Österreicher. Doppelhochzeit: Ja – politischer Vertrag: Nein. Alles blieb beim alten. Georg II. mußte sich brüskiert fühlen, zeigte es aber nicht. Dabei hätte eine Allianz mit England nicht auszudenkende Folgen für die Stärkung Preußens gehabt. Meine privaten Wünsche waren wieder einmal getreten worden. Wenn die

Staatsräson einen Sinn gehabt hätte, würde ich es eingesehen haben, aber unter den dümmlichen Umständen, unter denen ich geopfert werden sollte, war ich sogar bereit, zu glauben, daß die Pläne zu meiner Enterbung zugunsten meines zehn Jahre jüngeren Bruders ernst gemeint waren. So versuchte ich zu entfliehen.

Ob mich die Engländer aufnehmen würden? Der Gesandte ließ die Meinung seines Königs durchblicken, ich solle es lieber nicht tun. Der Franzose sprach zwar von einer möglichen Aufnahme in seinem Lande, aber die offizielle Einladung blieb aus. Ich fand kein Exil, auch nicht in Italien oder den Niederlanden. Niemand wollte meinetwegen in einen Konflikt mit Preußen geraten, verständlich, sage ich heute. Aber damals war ich ein Heißsporn, noch nicht der Alte Fritz. Ich wollte die Demütigungen nicht länger ertragen. Bei einer Reise nach Ansbach und dann weiter nach Süden sollte es geschehen. Die beiden Vertrauten, Keith und Katte, wußten Bescheid.

Es war am 5. August 1730, wir übernachteten im Schlosse Scheunen bei Sinzheim, als ich in der Morgenfrühe aufstand und mich aus dem Staube machen wollte. Der Kammerdiener hatte etwas gemerkt, denn ich hatte mir – ich weiß nicht mehr warum – einen neuen roten Stutzerfrack angezogen, und das fiel auf. Er informierte Oberstleutnant Rochow, meinen Erzieher, und als ich zu den Pferden ging, stand der plötzlich vor mir und begann ein Gespräch und palaverte und hörte nicht wieder auf, und die Zeit verging. Andere traten hinzu, der Plan war nicht auszuführen.

Als wir bei Wesel auf preußisches Gebiet kamen, verhaftete mich mein Vater, dann auch die anderen. Peter Christoph von Keith vermochte nach England zu fliehen. Hans Hermann von Katte wurde in Berlin verhaftet. Wir alle wurden verhört, der König vermutete ein ausländisches Komplott. Katte zeigte man die Instrumente, mein Kammerdiener lag an Händen und Füßen gefesselt in einer Kasematte.

Entdeckt – verhaftet

Liebste Schwester, man wird mich in der Sitzung des Kriegsgerichtes, die nun stattfinden soll, verketzern, denn, um als Erzketzer zu gelten, genügt es, daß man mit der Meinung des Herrn und Gebieters nicht in allen Stücken übereinstimmt. Sie können sich also unschwer vorstellen, wie hübsch man mich zurichten wird. Was mich betrifft, so mache ich mir nichts aus Bannflüchen, die gegen mich geschleudert werden. Ich wünschte vom Grunde meines Herzens, keines Dolmetschers zwischen uns zu bedürfen: Möchten uns jene glücklichen Tage wieder beschieden sein, wo Ihr principe und meine principessa [so nannten die beiden ihre Laute und Flöte] einander küßten. Oder, um deutlicher zu werden, wo ich Ihnen mündlich sagen kann, daß nichts in der Welt meine Liebe zu Ihnen zu vermindern vermag. Adieu! Der Gefangene. *An die Schwester Wilhelmine*

Gestrenge Befragung

Die Verhöre konnten nichts ergeben, denn es ging um eine kopflose, schlecht überlegte Flucht, an der allein ich schuld war. Das Gericht tagte trotzdem und sprach eineinhalb Todesurteile, das halbe über Keith, denn er war nicht da, und das furchtbare über Katte. Das Gericht bat zwar den König, er solle wegen der Stimmengleichheit für lebenslange Haft entscheiden, aber er gab das Urteil unbestätigt zur Revision zurück. Doch das Gericht blieb bei den je drei Stimmen für die Todesstrafe und für Lebenslänglich. Da wurde der König zornig, lehnte auch das Gnadengesuch der Familie ab und meinte, es sei Gnade genug, wenn er statt des Stricks das Beil genehmige.

An meinem Zellenfenster vorbei wurde Katte am Morgen zur Hinrichtung geführt. Ich bat ihn um Verzeihung. Er antwortete, es gäbe nichts zu verzeihen. Dann sah ich, wie er den Kopf auf den Block legte. Die Leiche ließen sie stundenlang liegen, ich sollte immer wieder hinschauen. Später schickte mein Vater den Feldprediger Müller, der während der Hinrichtung neben mir bleiben mußte, abermals zu mir. Da lag ich bereits im Nervenfieber, die Bilder wollten nicht weichen.

Nicht minder grausam ließ Vater die liebe Dorothea behandeln, die ich Doris nannte. Ein paarmal war ich mit meinem Begleiter in das Haus ihres Vaters, des Potsdamer Rektors Ritter, gegangen, um mit ihr zu plaudern. Sie war mein Schwarm, so lieb und reizend. Ich habe sie immer nur angesehen und errötete, wenn auch sie sich verfärbte. Mein Vater glaubte, ich hätte der Jungfrau die Ehre genommen, und ließ sie von einer Hebamme und einem Regimentsarzt untersuchen. Beide konnten nur sagen, daß sie unberührt war,

Kattes letzter Gang

sie war erst sechzehn. Trotzdem wurde sie zum Spandauer Spinnhaus verurteilt. Vorm Vaterhaus und vorm Rathaus wurde sie ausgepeitscht, ebenso an den Stadtecken. Mit dem Fluchtversuch hatte sie überhaupt nichts zu tun, sie wußte auch nichts davon. Als sie nach drei Jahren wieder frei kam, war sie gebrochen. Ich habe mich so geschämt, daß ich zu feige war, sie später noch einmal zu sprechen.

Ich mußte in der Küstriner Festung bleiben, noch eineinhalb lange Jahre, wenn auch bei gelockertem Arrest. In Begleitung durfte ich in die Stadt, aber nur zum Unterricht in der Kriegs- und Domänenkammer. Ich war Lehrling in allen Verwaltungssachen, und deshalb hatte mein Vater wieder ein strenges Programm ausgearbeitet. Erlaubt waren lediglich landwirtschaftliche und Verwaltungsdinge. Bücher, selbst Fachliteratur, waren verboten, gar nicht zu reden vom Tanzen oder Musizieren. Um neun Uhr wurde die Kerze gelöscht. Ich sollte Buße tun.

In mehreren Briefen bat ich meinen Vater um Verzeihung. Ich heuchelte, was das Zeug hielt, aber er verzieh nicht. Nach einem Jahr kam er auf einer Reise nach Ostpreußen vorbei. Nun gab ich zu, nach England gewollt zu

Verzeihung

haben, warf mich vor ihm in den Staub und winselte. Aber dreimal wies er mich ab. Dann, vor allen Leuten, ging ich noch einmal vor ihm nieder; und nun konnte er wohl nicht anders und zog mich hoch und legte kurz den Arm um mich. Dann fuhr er ab. Zuerst veränderte sich nichts, aber dann kam ein Zeichen: Meine Schwester Wilhelmine trauerte noch ihrem Prinzen von Wales nach, da kam das Unglück schon auf sie zu. Unser Vater hatte die Hochzeit mit dem Erbprinzen von Bayreuth angebahnt – welch ein Unterschied zwischen England und diesem Bayreuth. Wilhelmine war entsetzt. Vater meinte nur, sie kenne den Erbprinzen ja noch gar nicht. Ich diente zur Erpressung, denn mit ihrer Hochzeit würde ich begnadigt, und die Versöhnung mit unserer Mutter stände ins Haus. Lehne sie jedoch ab, käme sie ans Ende Preußens auf die Festung Memel und müßte zusehen, wie ihre Vertraute, Fräulein von Sonsfeld, wie Dorothea Ritter an allen Ecken der Stadt ausgepeitscht würde. Wilhelmine konnte diesem Druck nicht standhalten. Unsere Mutter aber schimpfte und meinte, sie hätte sich nicht bluffen lassen dürfen, auf keinen Fall aber

---

Ich werde die Zeit schon wissen, wann das böse Herz wird gebessert sein, wahrhaftig und nicht Heuchelei darin ist.

Wo er ein ehrlicher Mensch wird – da ich sehr zweifele –, ist es für ihn ein Glück.

So bitte ich hiermit untertänigst um Vergebung und hoffe, daß mein lieber Papa den grausamen Haß, den ich aus allem Seinen Tun habe wahrnehmen können, werde fahrenlassen. Ich hoffe, daß mein lieber Papa dieses alles nachdenken und mir wieder gnädig sein wird. Indessen versichere ich Ihm, daß ich doch meiner Tage nicht mit Willen fehlen werde.

Denn wenn man seinen Vater liebet, so tut man, was er haben will, nicht wenn er dabei steht, sondern wenn er nicht alles sieht.

Aus dem Briefwechsel mit dem Vater

Männerrunde
beim König

dürfe sie die Ehe vollziehen, damit eine Scheidung möglich blieb. Inzwischen soff ihr Bräutigam täglich mit dem Alten. Auf diese Weise wurde er als Mann geprüft.

So gern ich meiner Schwester freudig gratuliert hätte, ich konnte ihre Wahl nicht billigen, ja, ich brachte es auch an ihrem Hochzeitstag nicht übers Herz, ihr das nicht zu sagen. Der englische Thron hätte es ihr wert sein müssen, nach Memel zu gehen und mich bis auf weiteres in Küstrin zu lassen. Sie wußte nichts davon, daß Küstrin mir wegen einer Frau lieb geworden war, der Frau des Obersten von Wreech. Ihr Mann wagte es nicht, mir die Briefe an sie und meine glühenden Gedichte zu verbieten. So sagte er ihr sogar, was sie antworten solle. Wenn wir beide allein waren, merkte ich, daß sie schwankte. Ich war eben viel leidenschaftlicher als ihr Mann. Sie lachte über meine Späße und sagte mir, daß sie Freude an meinen Spinnereien hätte, die ich ihr fast täglich als Gedichte zuschickte.

Ich wußte, daß nach der Verheiratung meiner Schwester mit diesem Duodezfürsten ich an die Reihe kommen würde. Vater wendete verschiedene Pläne aus seinem Kabinett hin und her, und schließlich ließ er mich fragen, ob ich mit der Elisabeth von Mecklenburg einverstanden sein würde. Elisabeth war eine Verwandte der Zarin Anna, es bestünde sogar die Aussicht, daß sie den Thron erben würde. Dann wäre ich Zar der Russen geworden! Das war nach meinem Geschmack. Vater verlangte nun, daß ich unter diesen Umständen auf den preußischen Thron verzichten solle. Aber das kam nicht in Frage, ich wollte beides! Den Russen war es gleich, sie stimmten – was ich gar nicht erwartet hatte – sogar zu, daß ich nicht zum russisch-ortho-

Wieder am Hof

doxen Glauben übertrete. Meine Zukunft schien klar, und sie war erfreulich. Dann aber ging Vater in den Verhandlungen zu weit. Er verlangte, daß die Kinder ebenfalls protestantisch bleiben sollten. Die Zarenfamilie würde eine andere Religion haben als das Volk. Nun mußten die Russen natürlich ablehnen. Ob Vater das gewollt hat? Nicht England, nicht Rußland?

Vorteile zogen nur die Österreicher davon. Sie selbst waren für eine Verbindung zwischen mir und Maria Theresia, aber dieser Plan kam nicht bis an den König. Der von den Österreichern bestochene Grumbkow wagte es nicht, meinen zustimmenden Brief dem König vorzulegen. Er befürchtete endlose Querelen und Kämpfe wegen der verschiedenen Religionen. August von Sachsen hatte sich da nicht so genierlich angestellt, er war wegen Polen zum Katholizismus übergetreten. Unserem Hof steckte noch der furchtbare Dreißigjährige Krieg in den Knochen, aber alle übersahen, daß die Zeit nicht mehr dieselbe war. Man hatte sich daran gewöhnt, daß die christliche Kirche gespalten war, und ich glaubte sowieso nicht im religiösen Sinne. Schließlich kam es zu einem Kompromiß. Der berühmte Prinz Eugen schlug eine andere Verbindung zum Kaiserhof vor. Die Kaiserin hatte eine Nichte, die aus dem protestantischen Hause Braunschweig-Bevern stammte. Die sollte ich heiraten.

Die Österreicher kamen nun auch zu mir, um mich gewogen zu machen. Da sie wußten, daß ich immer Schulden machen mußte – zu gering war die Apanage, die ich vom Vater erhielt –, boten sie mir jährlich 6000 Dukaten an. Da wurde ich schwach und nahm sie, aber fest entschlossen, dafür keine wirklichen Dienste zu leisten. Der Gesandte Seckendorff wickelte meinen Vater ein. Er stimmte zu. Ich war entsetzt, unterdrückte aber – Wilhelmines Schicksal vor Augen – meine Abneigung gegen diese Provinznudel, die in jeder Beziehung mittelmäßig war, sogar etwas krummbucklig, ohne irgendwelche moderne Bildung. Es war mir egal, ließ ich dem Vater sagen, die Braut möge sein, wie sie wolle. Ich konnte nur hoffen, der Kaiser von Marokko fände Gefallen an ihr und wollte sie entführen, ich würde dabei die Leiter halten.

Wenn ich heirate, heirate ich als Mann von Lebensart, d. h. ich lasse Madame ihrer Wege gehen und tue meinerseits, was mir gefällt. Und es lebe die Freiheit! F

Wir waren vierzehn Monate verlobt. Niemand hat in dieser langen Zeit Elisabeth Christine liebgewonnen. Alle hielten sie für eine dumme Gans. Im Frühjahr tauchte, von der englischen Partei erneut geschürt, noch einmal der alte Plan auf. Aber mein Vater bestand wiederum auf Bedingungen, an denen auch dieser Versuch scheiterte. Grumbkow bat ich noch einmal, er möge den Vater ersuchen, mir wenigstens die Auswahl unter mehreren Damen

Heirat ohne Liebe

zu gestatten. Doch Grumbkow hatte Angst und ließ sich selbst von meiner Selbstmorddrohung nicht beeindrucken. Er hielt das für eine meiner Finten, und ich wußte damals nicht, daß ihm die Österreicher 40000 Dukaten versprochen hatten, wenn er ihren furchtbaren Plan unterstützen würde. Am 12. Juni 1733 mußte ich vor den Altar, obwohl ich meinte, die größte H ... in Berlin müsse besser sein als diese frömmelnde Jungfer. Die Brautnacht, zu der mich mein Vater ans Brautbett führte, dauerte nicht einmal eine Stunde. Dann bin ich, um der Qual ein Ende zu machen, ausgerissen.

Nach der Hochzeit beeilte ich mich, zu meinem Regiment zu kommen. Meine Frau ließ ich im Schloß, sie sollte sich an Berlin gewöhnen, und ich müßte ihre schiefen Zähne nicht sehen. Mochte sie mit dem Tanzmeister üben, sich zu bewegen. Manchmal tat sie mir leid, wenn sie so allein einen Hofstaat anführen mußte, aber ich konnte nicht gegen meine Natur. Daß sie sparsam war und gutwillig, war das Geringste, was mich interessierte.

Glückliches Rheinsberg

In dieser Lage war mir sogar das Exerzieren willkommen. Eigentlich sollte es die Küstriner Ausbildung in Verwaltung und Landwirtschaft ergänzen, nun floh ich in die Langeweile. Vater erkannte wohl die Gefahren. Er kaufte

Nach eigenem Plan: der Umbau

für uns das Schloß Rheinsberg und ließ es nach meinen Vorstellungen umbauen und ausgestalten. Das übernahm Knobelsdorff. Wie angenehm, mit ihm über die Farbgebung zu sprechen. Die Räume, das ganze Schloß sollten Leichtigkeit bekommen. Ich wollte einen Ort der Gedanken und der Musen, der Heiterkeit und Freude ausstrahlen sollte.

Hier hatte ich endlich die notwendigen Bedingungen, um mich mit anregenden Gästen zu umgeben, dazu mehrere Franzosen einzuladen, die alles noch anregender machten. So saß immer eine muntere Gesellschaft von 20 Personen am Tisch. Wir sprachen scharfzüngig über die Götter und die Kunst und versuchten denkend, die Wurzeln der Dinge zu finden. Die trockene Gedankenlogik der Philosophen gefiel mir nicht, mir waren tändelnde Denkspiele lieber. Wir meinten, man könne im widerstreitenden Gespräch genauso gut die Wahrheit suchen, finden würden wir sie sowieso nicht. Wer keine spöttische Zunge besaß, hier konnte er sie üben. Ich gebe zu, daß auch die Damen als Gegenstand des Spotts und einer gewissen erotischen Anzüglichkeit nicht ausgenommen waren. Aber sie ertrugen es mit Eleganz und waren – wie ich annehmen mußte – sogar etwas geschmeichelt.

Das Unglück hat mich immer verfolgt. Ich bin nur in Rheinsberg glücklich gewesen. *F*

Ich war so in meiner neuen, eigenen Welt, daß ich mich von früh bis spät, oftmals ohne den notwendigen Schlaf, mit geistigen Dingen befaßte. Es war wie ein Rausch, endlich konnte ich ohne Aufsicht machen, was ich wollte. Ich begann einen Briefwechsel mit Voltaire. Er half mir, mich in die Gedankenwelt der Franzosen, und das hieß: der Zeit, einzuarbeiten. Meine Lücken bemerkte ich durchaus, aber ich mußte lernen, sie zu überspielen. Man darf niemals seine Schwächen zeigen. Ich konnte doch jetzt keinen Nachhilfeunterricht mehr nehmen, ich, der Kronprinz, und Mitte Zwanzig. Ich wollte aber ein enges Verhältnis zur Wissenschaft – und das bedeutet zu den Wissenschaftlern – gewinnen und sie nicht als geldfressende Gierschlunde betrachten, wie mein Vater, der den besten deutschen Philosophen aus Halle vertrieben hatte, sogar mit der Androhung, er würde den Strick bekommen. Christian Wolff mußte nach Marburg gehen. Seinen aufklärerischen Ideen, seiner Metaphysik fühlte ich mich sehr verbunden. Wie er war auch ich Rationalist. Das Spekulative liegt mir nicht. Was man logisch ergründen kann, ist wirklich, natürlich und vernünftig. Lesen konnte ich Wolffs deutsch geschriebene Bücher allerdings nicht, ich mußte sie mir übersetzen lassen. Als ich auf den Thron kam, holte ich den Philosophen sofort nach Halle zurück.

Wir alle in meiner Runde träumten von einer glücklichen Verbindung des Geistes mit der Macht, die sich im Monarchen vollziehen müsse. Wir spielten im Park Theater, liebten Rousseau und seine Idee vom Gesellschaftsvertrag, den die Menschen miteinander eingehen, wenn sie in einem Staate zusammen leben. Ja, das wollte ich in Preußen tun, und dazu sollten mir die Philosophen helfen. Ich

Spiel in der Natur

schrieb lange naturpreisende Gedichte und erhoffte die Anerkennung Voltaires, der jedoch nicht mehr als höfliche Worte übrig hatte. (Jemand hinterbrachte mir, er bemängele fehlende Poesie.)

Und wie harmonisch waren wir Musiker im Musizieren verbunden. Wenn ich die Flöte auspackte und anblies, war ich bereit, die Läufe zu üben, daß sie wie perlend über die Oktaven glitten. Wir improvisierten viel, und man ließ mir gern die Führung. War Quantz dabei, spielten wir seine Stücke; er hatte sie immer ausgearbeitet. Alles in allem waren wir recht anspruchsvoll, es ging mit der Musik besser als mit der Dichtung in Französisch. Deutsch sprachen wir nur mit den Bedienten. Wenn ich deutsch schreiben mußte, weil mich der Adressat sonst nicht verstand, hatte ich mit der Grammatik zu kämpfen. Griechisch und Latein hatte ich leider nicht lernen dürfen, und so erwarb ich die Mythologie und die Philosophie der Alten durch französische Übersetzungen, von denen es ausreichend gab.

Als Philosoph war ich Skeptiker. Da mit dem Rationalismus die letzten Dinge nicht ergründbar sind, übte ich mich im Zweifel an den Behauptungen. Die Prädestination hingegen war mir sehr einleuchtend. Wenn Gott in seinem Weltenplan alles bereits vorbedacht hat, läuft es nach dem Schöpfungsakt logisch ab. Ich mußte meine Zuneigung zu dieser Lehre allerdings verstecken, denn Vater meinte, der Mensch, und in erster Linie der Monarch, müsse in alle Bewegungen eingreifen. Wo hätte sonst die Willensfreiheit des Menschen ihren Platz? Auch Voltaires Antwort ließ

Maurer-Insignien

Der strenge Voltaire

den Menschen sehr viel Spielraum und war mir zu unbestimmt. Nein, Gott ist wie ein sorgsamer König, der an alles denkt und dafür sorgt, daß sein Wille von den Untertanen respektiert wird. Das ist die Aufgabe der Religion. Vielleicht könnte auch die Freimaurerei darauf antworten, sie sah in Gott den Baumeister aller Welten. Nachdem ich darüber nachgedacht und mich unterrichtet hatte, war es mir zu mühsam, mich an dieses auf seine Art ebenfalls religiöse Gedankensystem zu binden. Die Berliner Loge hat mich ihren Patron genannt, aber ich habe sie nie betreten, ja sie einmal sogar verspottet.

Die Beschäftigung mit den zeitgenössischen Theorien fand ich immer anregend und gewinnbringend. Als mir »Der Fürst« von Machiavelli in die Hände kam, nach dem damals zukünftige Herrscher ausgebildet wurden, war ich sehr angeregt. Er dachte unerbittlich wie ich, doch wohin sollte es führen, wenn sich seine Meinung, alle Fürsten seien verworfen, allgemein durchsetzte? Was Machiavelli vor zweihundert Jahren geäußert hatte, war überholt! Seitdem mein Vater auf dem Thron saß, waren wir Hohenzollern nicht mehr auf unseren eigenen Vorteil bedacht, wenn man von der Hofhaltung absieht; und die muß sein. Ich war auch nicht der Meinung, daß in der Politik jedes Mittel, selbst das unmoralische, erlaubt sei, und so kritisierte ich Machiavelli zuerst moralisch. Ich nannte meine Schrift »Antimachiavell«, denn in der Kritik an dem Florentiner konnte ich meine Ideen besonders gut entwickeln. Seinem Fürsten stellte ich den aufgeklärten Monarchen gegenüber. Den absoluten Herrscher, so wie ich ihn in meinem Vater sah, konnte ich ebenfalls nicht billigen. Auch er war überholt. Die Menschen wollten nicht mehr mit seinem Verstande oder Unverstande tyrannisiert werden. Monarch und Moral sollten sich in der Regierung verbinden. Der Monarch mußte der erste Diener seines Staates sein, aber eben auch der erste, der wußte, was gut für das Volk war, das er glücklich machen wollte. Ein unzufriedenes Volk wird sich bald seiner Herrscher entledigen, das gilt immer, und dem muß der Herrscher zuvorkommen. Oben und unten müssen ohne schwere Konflikte miteinander leben, jedenfalls muß man es probieren.

Zum ersten Feldzug

Eine europäische Verwicklung riß mich aus meiner Rheinsberger Idylle. Es ging um einen Erbfolgestreit zwischen Österreich und Frankreich. Das Wiener Kaiserhaus bot seinen besten Herrführer, den Prinzen Eugen, auf, und ich brannte darauf, an seiner Seite die Kriegskunst lernen zu können.

Im Felde

Ode an den Ruhm

O Ruhm, dem ich zum Opfer weihe
Der Freuden hold erblühten Kranz:
O Ruhm, dein bin ich! So verleihe
Du meinem Leben hellen Glanz!
Und dräuen mir des Todes Scharen,
Du kannst noch einen Strahl bewahren
Des Geistes, welcher glüht in mir.
Schließ auf das Tor mit deinen Händen,
Auf deinen Pfad mich hinzuwenden:
Dir leb ich, und ich sterbe dir! F

Vater schickte mich zu ihm an den Rhein, nicht ohne zuvor seine kleinlichen Anweisungen gegeben zu haben, die sich selbst mit den bescheidenen Mahlzeiten beschäftigten.

Ich kam aber gar nicht recht dazu, den Prinzen näher zu beobachten, denn er führte den lahmen Krieg auch nicht gerade aktiv. Er meinte wohl, er sei so berühmt als Sieger, daß er sich nicht leisten könne, eine Schlacht zu verlieren. Also

Verehrter Prinz Eugen

keine Schlacht, und ich wurde nicht eben bescheidener, als ich die österreichische Armee mit der unseren verglich. Wir hatten zwar nur unser Kontingent von 10000 Mann gestellt, aber sie machten in ihrer Ausbildung einen sehr guten Eindruck.

Nun kam auch mein Vater und inspizierte die Truppe. Obwohl der Ranghöchste, ließ er sich jedoch nur als Oberst der preußischen Armee behandeln, vielleicht weil er ge-

Vater und Sohn

sundheitlich stark angegriffen war. Gicht und Wassersucht setzten ihm zu. Die Ärzte befürchteten das Schlimmste, und er gab mir bereits Instruktionen für die Zeit nach meiner Thronbesteigung. Vor allem solle ich die Höflinge dukken und, wenn sie frech würden, gar aufhängen. Ich widersprach nicht mehr, seiner Verfolgungen müde, und fügte mich in allem.

Der »Antimachiavell« war gerade fertiggeworden und in Frankreich, von Voltaire durchgesehen, anonym erschienen, da ging es mit dem Vater doch auf das Letzte. Ich sah, daß er selbst sein Sterben wohlvorbereitet betrieb. Neben seinem Bett stand bereits der Sarg, er verteilte seine Pferde und sonstigen persönlichen Dinge an seine Umgebung und regelte die Einzelheiten der Beisetzung. Reden wurden verboten. Den Ärzten erlaubte er zwar die Öffnung seines Körpers vier Stunden nach seinem Ableben, aber nicht die Entnahme von Körperteilen. Dann ließ er sich einen Spiegel geben, um zu sehen, wie er stürbe. Zum Schluß sang er Kirchenlieder, und dabei verschied er. Ich habe ihm ein gebührendes Begräbnis ausgerichtet, Salut schießen lassen und ihn in der Gruft der Garnisonkirche beigesetzt. Das war der richtige Ort für ihn, er war der Soldatenkönig.

Der König ist tot!

Die meisten Höflinge waren sofort damit beschäftigt, mir die Stiefel zu lecken. Aber ich verteilte keine Pfründe, sondern verlangte von den alten Kanzleibeamten meines Vaters weiterhin pünktliche Erfüllung ihrer Pflichten. Keith holte ich aus England zurück. Er wurde Stallmeister, aber bei Hofe ließ ich ihn nicht zu. Ich wollte jeden Verdacht einer Günstlingswirtschaft ersticken.

Ich wollte die Verkrampfungen im Staate lösen. Wo anfangen, da Vater in den letzten Jahren nichts grundsätzlich Neues mehr unternommen hatte? Das Militär war allmächtig geworden, bestimmte durch immer größere Ansprüche sogar das wirtschaftliche Leben, machte es einseitig und engte es ein. Habsucht und Übermut bedrückten die Bauern. Wie sollten sie unter diesen Umständen freudig arbeiten und den Reichtum des Landes mehren? Das Militär muß sich bescheiden, und die Minister müssen dafür sorgen, daß zuerst Gerechtigkeit herrscht. So waren meine ersten Befehle auf die Verbesserung der Beziehungen zwischen Militär und Volk gerichtet, und ich wollte doch einmal sehen, ob meine Befehle beachtet würden!

Es lebe der König!

Meinem Volk, an dem ich hänge,
Diesem Gotte will ich dienen.
Lebt denn wohl, ihr heitren Klänge,
Verse, Flöten, fort mit ihnen!
Alle Kurzweil, selbst Voltaire,
Sei verbannt: die Pflicht allein
Soll mein Gott, mein höchster, sein!
Ach wie drückt die Krone schwer! F

Hätte wohl jemand vermutet, lieber Voltaire, daß ein Musensohn dazu bestimmt sein könnte, Hand in Hand mit einem Dutzend gravitätischer Narren, die man Politiker nennt, das große Rad der europäischen Ereignisse zu drehen! Und doch ist die Tatsache authentisch – nicht sehr zu Ehren der Vorsehung. F

Der Geist in Preußen wurde durch viele mittelalterliche Gewohnheiten geschürt. Sie abzuschaffen, gründete ich eine Zeitschrift für Politik und Kultur, in der die aufklärerischen Ideen verbreitet werden sollten und in der ich auch selbst schrieb. Freilich unter anderem Namen. Mehr noch, ich schaffte die Zensur überhaupt ab. Man sollte die Zeitungen nicht bevormunden, wie sollten sie sonst interessant werden? Allerdings mußte ich die Zensur später, vor allem aus Rücksicht gegen das Ausland, teilweise wieder einführen.

Dann verbot ich das Fuchteln der Kadetten und das Ertränken der Kindesmörderinnen im Ledersack. Die Folter wurde abgeschafft. Die mit ihren Mitteln erzielten Geständnisse taugen nicht zur Rechtsprechung. Allerdings, bei Hoch- und Staatsverrat mußte die Justiz ihre ganze Härte zeigen.

Die Justizreform zog sich hin. Ich habe nie geglaubt, daß es so schwer ist, die Rechtsbelange modern zu fassen. Das Preußische Landrecht ließ also auf sich warten, wie der Justizbürokratie auch Beine gemacht wurde.

»Zu Ihren Diensten, Majestät!«

Zu sparen begann ich durch die Abschaffung der Langen Kerls. Eine solche Garde taugt nicht zum Kampf, und für die ewigen Paraden war sie zu teuer. Das Volk sah gar nicht mehr hin, wie die Langen die Beine schwenkten. Meine Anweisungen riefen im Lande und außerhalb wohl Aufmerksamkeit und Erstaunen hervor, aber sie waren im

Das Brot ist da!

Grunde genommen recht einfach zu bewerkstelligen. Viel wichtiger und schwieriger war es, die Manufakturen, den Handel und die Finanzen anzutreiben. Ich gründete ein Generaldirektorium, das nicht, wie die Behörden bisher, nur Steuern kassierte, sondern die Produktion anregen sollte. Wer eine brauchbare Idee hatte, konnte vom Staat gefördert werden.

Ich selbst brauchte eine Idee, um die Folgen der Mißernte, die meinem Regierungsantritt unmittelbar gefolgt war, zu beseitigen oder mindestens zu lindern. Das Getreide, das Brot wurden teurer und teurer. Alle stöhnten. Noch immer galt die Einfuhrsperre für Getreide, die mein Vater verfügt hatte und die nun mein Ansehen gefährdete. Was ist das für ein neuer König, der das Volk hungern läßt!

So hob ich kurzerhand die Sperre auf. Ich hatte eine Firma damit beauftragt, in Mecklenburg und im Osten Getreide einzukaufen, und mit diesem Schritt nicht nur die Vorstellungen meines Vaters von Wirtschaftsregulierung abgeschafft, sondern auch die Versorgung schnell verbessert. Leider kosteten die Kriege unaufhörlich Geld, und auch ich mußte die Wirtschaft wieder reglementieren – leider!

Um die Wirtschaft zu beleben, brauchte ich die Wissenschaft und die Akademie, über die die Junker höhnten und spotteten. Berlin mußte ein Zentrum der Geisteswelt werden, meine Akademie sollte ihr Geld wert sein. Und meinen Freund Knobelsdorff beauftragte ich, mir Unter den Linden eine Oper zu bauen, damit Musik und Tanz dazu beitrugen, daß in Preußen ein Athen – wie zu Zeiten meines Großvaters – wieder entstünde. Er ging mit Feuereifer an die Arbeit.

Müßte man nicht von Sinnen sein, um sich vorzustellen, Menschen hätten zu einem ihresgleichen gesagt: Wir heben dich über uns, weil wir gern Sklaven sein wollen, und wir geben dir die Macht, unsere Gedanken nach deinem Willen zu lenken? Sie haben im Gegenteil gesagt: Wir bedürfen deiner, damit die Gesetze, denen wir gehorchen wollen, aufrechterhalten werden, damit wir weise regiert und verteidigt werden. Im übrigen verlangen wir von dir, daß du unsere Freiheit achtest. *F*

Alles in allem hatte ich einen geordneten Staat übernommen. In der Öffentlichkeit wurde bekannt, daß der Staatsschatz ungefähr acht Millionen Golddukaten umfaßte, manche sprachen sogar von zehn Millionen. Mein Vater hatte gut gespart, und ich brauchte das Geld dringend, denn die Bevölkerung war durch die lange Friedenszeit angewachsen, die wehrpflichtigen Männer sogar um ein Viertel. Über 100000 Mann standen unter Waffen. Sollte ich die Armee verkleinern, oder sollte ich sie einsetzen? Auf jeden Fall ließ ich jeden Mann ausbilden. Macht gründet sich auf Waffen. Das mußte und wollte ich bald beweisen.

Preußen hatte 1732 die kleine Grafschaft Herstal an der niederländischen Grenze geerbt. Obwohl alles rechtens war, machten die Leute dort Schwierigkeiten. Sie wollten nicht zu Preußen, auch keinen Finanzausgleich zahlen und verweigerten mir deshalb die Huldigung. Das konnte ich nicht hinnehmen. Zunächst schickte ich einen Gesandten, doch der Herr Fürstbischof von Lüttich ließ ihn nicht vor. In meiner Botschaft wurde mein Staat ignoriert. Ich ließ einrücken. Die drei Bataillone und eine Schwadron, die auch gleich Hoorn und Masseyck besetzten, verstand auch der Fürstbischof. Wir schlossen einen finanziellen Vergleich, das heißt, er zahlte 200000 Taler, wobei er die Militärkosten mitbezahlen mußte. Vorher hätte er das billiger haben können. Manche meinten, so könne ein aufgeklärter Monarch nicht handeln. Aber was hätte ich tun sollen? Ich machte die Erfahrung, daß man mit der Armee auch manches Schwierige regeln kann, wenn die Ideen versagen.

Ob das eine Probe für den Einmarsch in Schlesien war? Nein, daran war Anfang September 1740 gar nicht zu denken. Vom Tode des Kaisers Karl VI. erfuhr ich erst Ende Oktober. Allerdings war damit die europäische Situation völlig verändert, was ich auch gleich Voltaire schrieb, als der Bote in Rheinsberg eingetroffen war. Ich befahl Außenminister Podewils und Feldmarschall Schwerin zum Kriegsrat und sprach über unseren Anspruch auf Schlesien. Sie hatten Bedenken, der strittige Punkt sei historisch schon verjährt. Papperlapapp, antwortete ich, ein unerfahrenes Weib auf dem österreichischen Thron, das alle inneren Schwierigkeiten erbt, dazu noch eine leere Kriegskasse nach dem langen Türkenkrieg, wenn das keine Gelegenheit

---

Die Überlegenheit unserer Truppen, die Schnelligkeit, mit der wir sie in Bewegung setzen können, mit einem Wort: der klare Vorteil, den wir über unsere Nachbarn haben, gibt uns in dieser unerwarteten Glückslage eine ungeheure Überlegenheit über alle anderen europäischen Mächte. *F (1740)*

---

sei! Ich befahl, mobilzumachen. Um alles geheimzuhalten, ließ ich kräftig feiern bei Hofe. Wir tanzten und musizierten, mir gefiel dieses Leben, ich war achtundzwanzig Jahre alt.

Noch Anfang Dezember waren die Nachschublager eingerichtet, am Sechzehnten überschritten wir die Grenze nach Schlesien. Es gab den alten Streit über die Gegend um

»Ich habe mich entschlossen ...«

Schwiebus, außerdem war ich der Meinung, daß man Präventivkriege durchaus führen könne, wenn bestimmte Rechte und Ansprüche vorliegen. Preußen brauchte ein großes, einheitliches Staatsterritorium. Wir waren bis dahin einfach zu klein, um unter den europäischen Mächten mitspielen zu können. Keinesfalls hätte ich damals geglaubt, daß drei lange Kriege, die elf Jahre dauerten, daraus entstehen würden. Ich hatte den Widerstand gegen uns unterschätzt.

Bringt unser Haus große Fürsten hervor, bewahrt das Heer seine jetzige Kriegszucht, legen die Herrscher im Frieden zurück, um im Kriege Geld zu haben, benutzen sie die Ereignisse mit Geschick und Besonnenheit, so zweifle ich nicht, daß der Staat allmählich wächst und sich vergrößert und daß Preußen mit der Zeit zu einer der bedeutendsten Mächte Europas wird. F

So war ich auch enttäuscht, als mein Gesandter Graf Gotter mitteilte, Maria Theresia sei zu stolz gewesen, um meinen Vermittlungsvorschlag anzunehmen. Er lautete, sie solle Schlesien an mich abtreten. Dafür wollte ich sie bei der Verteidigung ihrer Erblande ohne Einschränkungen unterstützen, dies auch in Verträgen mit ihr, Rußland und den Seemächten beurkunden und außerdem ihre Interessen bei der Kaiserwahl wahren. Nun, da sie glaubte, sie müsse nicht verhandeln, konnte ich einrücken. Ende Januar stand ich vor Breslau und garantierte der Stadt die Neutralität, weil sie es so wünschte. Das verschaffte mir Ruhe, denn die Kaufleute hatten Angst, sie würden ihre Märkte in Österreich verlieren, wo sie Tuche und andere Waren absetzen konnten. Im allgemeinen hatten wir mit der protestantischen Bevölkerung in Schlesien keine Schwierigkeiten. Die österreichhörigen Katholiken hatten

Huldigung in Glogau

Einzug in Breslau

deren Rechte bisher beschnitten, nun durften sie in die Stadtverwaltungen einziehen wie jedermann.

Wegen der notwendigen Steuern, die ich erheben mußte, gab es einigen Widerstand von den Landständen. Aber damit wurden meine Offiziere schon fertig, indem sie einige Schreier einsperrten. Währenddessen gelang mir in Berlin einiges, um die diplomatische Isolierung durch einen Pakt von England und Österreich, den Wien freundlich gesonnenen Niederländern, den Russen und Sachsen gegen Preußen zu verhindern. Ich dagegen forcierte eine Verbindung mit Frankreich gegen Wien.

Doch dann kam der österreichische General Neipperg in Schlesien an und erschien vor Neiße, um unsere Belagerung zu beenden. In der Nähe von Brieg, bei Mollwitz, kam es zur Schlacht, meiner ersten; und auch die Armee hatte seit 50 Jahren nicht ernsthaft gekämpft. Wir waren der Zahl nach überlegen, und die Österreicher schienen bereits im Nachteil, als unsere Reiterei in Panik geriet und floh. Ich konnte sie nicht zum Stehen bringen, im Gegenteil, ich mußte mit. Dann griffen die österreichischen Reiter unsere Infanterie an. Nun dachte ich, alles sei verloren, denn sie brachten die Linien zum Wanken. Da behielt der alte

Schwerin die Nerven und übernahm das Kommando auf dem Schlachtfeld, allerdings erst, nachdem er darum ersucht hatte, daß ich aus dem Spiel ging. Er riß die Schlacht aus dem Feuer und brachte die Infanterie wieder in den Angriff. So verdanke ich meinen siegreichen Anfang einer persönlichen Niederlage, was ich nie verwinden konnte. Allerdings war unsere Reiterei schwach, da nicht reiterisch, sondern infanteristisch ausgebildet. Die Kerls konnten zwar schießen, aber nicht reiten. Die Ausbildung wurde dann geändert. Ich sehe noch heute die vielen Toten und Verwundeten. Wie war mir, dem Sohn der Musen und der Weisheit, bei diesem Anblick klar, daß ich einer anderen Profession dienen mußte, als mir lieb war!

Der Ochs muß pflügen, die Nachtigall singen, der Delphin schwimmen, ich muß Krieg führen. Vielleicht können Sie sich bald die Freude machen, meine Grabschrift zu verfassen. Sie werden sagen, daß ich gute Verse liebte und selbst schlechte machte und daß ich nicht so stumpfsinnig war, Ihre Gaben nicht zu schätzen.

An Voltaire

Der Gefangennahme gerade entflohen, suchte ich nach einem Weg, die Initiative voll in die Hand zu bekommen. Unterstützt wurde ich dadurch, daß die Bayern und Franzosen auf Wien rückten, das schon in ihrer Sichtweite lag. Maria Theresia gab jetzt ein Zeichen, und in einer verschwiegenen Nacht saß ich mit ihrem bevollmächtigten General Neipperg in Klein-Schnellendorf zusammen. Wir handelten die Bedingungen für einen Waffenstillstand geheim aus. Die Österreicher zogen ab, um sich im Westen zu schlagen, und sicherten mir Niederschlesien zu. Der Gang nach Schlesien hatte meinem Land 3600000 Taler eingebracht.

Allerdings blieben die Verhandlungen doch nicht geheim, so daß ich bald in Böhmen einrücken konnte. Ich wollte mit sächsischen und französischen Einheiten nach Wien marschieren.

Die erste Schlacht

Doch die Österreicher hatten an ihrer westlichen Flanke Kriegsglück, sie zogen in München ein und griffen uns aus Nordosten an. Die Lebensmittel wurden knapp, die Bauern drückten sich, die Straßen waren unsicher. Ich wollte schon einen Seperatfrieden aushandeln lassen, da gewannen wir bei Chotusitz, und nun mußte Österreich im Sommer 1741 den Frieden von Breslau abschließen. Wir traten aus der gegen Maria Theresia gerichteten Koalition aus, Österreich behielt Teschen, Troppau und die Ländereien hinter den hohen Gebirgen. Wir aber erhielten Niederschlesien, Oberschlesien und die Grafschaft Glatz. Dafür übernahmen wir die eineinhalb Millionen Schulden der Österreicher. Der erste Schlesische Krieg war für Preußen ein großes und glückliches Ereignis, das mein Haus in den Besitz einer der blühendsten Provinzen Deutschlands setzte. Man muß zur rechten Zeit innezuhalten wissen.

Sicher war der Gewinn ,jedoch nicht. Die Armee durfte nicht geschwächt, sondern mußte verstärkt werden. So baute ich die schlesischen Festungen Neiße, Glogau, Brieg, Glatz und Schweidnitz aus. Zieten exerzierte mir die Kavallerie auf neue Art. Ich befahl ein neues Reglement auch für die Infanterie und verstärkte die Grenadierbataillone um dreißig.

Inzwischen gingen die österreichischen Erbfolgekriege weiter, und es sah nicht schlecht für die Königin in Wien aus. Sie ließ sich auch als Königin von Böhmen krönen. Wann würde sie Schlesien zurückverlangen? Ich hatte dem Wittelsbacher Karl VII. zur Kaiserkrone verholfen, das würde sie nicht vergessen. Mit Sachsen schloß sie jetzt einen Vertrag, der auch Schlesien berücksichtigte, und selbst England sprach in bezug auf Schlesien nur von einer einstweiligen Abtretung. Mir wurde ein Bericht des Londoner Gesandten in Wien bekannt: Überall müsse es Zweck der englischen Staatskunst sein, das Haus Brandenburg zu erniedrigen. Solange diesem unersättlichen, ehrgeizigen Fürsten die Flügel nicht beschnitten seien, würde er ähnlich gefährlich bleiben wie Frankreich. Ich sann nun auf weitere Schritte gegen Wien.

Königin von Böhmen

Hätte ich doch etwas mehr Zeit für die inneren Angelegenheiten gehabt! Während einer Badekur, zu der mich meine Ärzte zwangen, konnte ich Pläne machen. Voltaire kam nach Aachen und drängte mich, meine Gedanken niederzuschreiben. Ich begann eine »Geschichte meiner Zeit«, schrieb dazu viele Briefe und Notizen. Es mußte so vieles reformiert werden, vor allem die Justiz. Die Prozesse zogen sich manchmal über Jahrzehnte hin, und das lag an den Sporteln*, die die streitenden Parteien den Richtern zahlen mußten. Sie wollten am liebsten, daß die Prozesse lebenslang dauerten. Cocceji, mein Minister, drängte auf eine staatliche Besoldung der Richter und nannte sehr hohe Kosten. Daran war die Sache bei meinem Vater gescheitert. Von mir hoffte er nun das Geld zu bekommen. Ich brauchte es für die Armee und empfahl ihm, die Schluderköpfe durcheinanderzuschütteln und ein paar von ihnen zu Paaren zu treiben. Die Beschwerden der Gemeinden über die Justiz müßten ernster genommen werden.

Erfreulicher waren schon die Berichte über meine Neuverpflichtungen an die Oper. Der berühmte Kastrat Antonio Romani war zwar sehr teuer, aber ich wollte die besten Sänger der Welt in Berlin haben, die besten Musiker, die besten Wissenschaftler. Auch die Büstensammlung des Kardinals de Polignac kostete einen hohen Preis, 36000 Taler. Aber griechische und römische Plastiken gehören in meine Schlösser. Die Wirtschaft hatte sich erholt, auch Schlesien lieferte jetzt Steuern. Dieses und jenes konnte man sich schon anschaffen, und Vergnügungen bewiesen eine ge-

Opernhaus Unter den Linden

* Von Beamten für ihre Tätigkeit erhobene Gebühren, ein Teil ihres Einkommens

Akademiesitzung

wisse Großzügigkeit. Ansonsten erwartete ich treue Pflichterfüllung.

Sorgen machte mir die geringe Dichte der Bevölkerung. Viele Einwohner – viele Steuern – viele Soldaten. Berlin und Potsdam brauchten geschickte Handwerker, die ihre Kunst an berühmten europäischen Stätten gelernt hatten. In den Kriegen wurden viele Menschen aus allerlei Gründen vertrieben, bei mir sollten sie eine Heimat finden. Die Ansiedler erhielten zum Eingewöhnen Steuererlasse. Besondere Bedingungen stellte ich nicht, wenn man sich anständig betrug. In Preußen konnte jeder nach seiner Fasson selig werden.

Da mein Land inmitten Europas lag, war die Außenpolitik von erster Wichtigkeit. Podewils war mir zu bedenklich, immer erfand er neue Einwände, so daß ich ihn mehrfach ausschalten mußte, wenn Verbindungen angebahnt werden sollten. Wenn man das Gleichgewicht in Europa halten wollte, mußte ich den Kaiser unterstützen. Damit waren auch die Beziehungen zu Frankreich in Ordnung.

Obwohl Karl VII., der Bayer, kein eigentlicher Regent, sondern eine Marionette Frankreichs war, verkörperte er doch das Reich. Also mußte ich mich hinter ihn stellen, wenn Österreich nicht allein in Deutschland bestimmen sollte. In diesem Falle wäre es aus mit Preußens Aufstieg. Elisabeth von Rußland war neutral, aber würde sie es bleiben? Österreich und England bemühten sich, sie auf ihre Seite zu ziehen. Die Engländer schlugen die Franzosen am Main. Schließlich verbanden sich Österreich und England mit Sardinien, und Sachsen schloß sich an. Also brauchte ich eine enge Verbindung mit Frankreich. Ich schickte meinen Vertrauten Rothenburg nach Paris, Mitte 1744 war es soweit. Der gemeinsame Feldzugsplan sah vor, Frankreich solle mit guten Truppen in die Niederlande eindringen. Damit waren die Seemächte gebunden, und die zweite Stoßrichtung mußte gegen Hannover gehen, um die Engländer dort zu lähmen. Das alles würde die Österreicher veranlassen, ins Elsaß einzufallen, worauf ich über Böhmen auf Wien zugehen würde.

Böhmische Ebene

Am 11. August 1744 überschritten wir die sächsische Grenze und marschierten in drei Kolonnen nach Böhmen. Schon am 16. September ergab sich Prag, bis dahin war kaum Widerstand zu merken gewesen. So ging ich weiter die Moldau hinauf, und am 1. Oktober war ich Herr des rechten Ufers, hatte Tabor und Budweis genommen. Allerdings hing ich dort in der Luft, die Österreicher hatten die Franzosen zurückgewiesen und rückten nun gegen mich, unterstützt von 20000 Sachsen, die auf die falsche Seite übergelaufen waren. Insgesamt waren es 70000 Mann gegen 50000 bei mir. Ich mußte zurück. Einige Fehler, die ich begangen hatte, brachten uns weiterhin in Schwierigkeiten. Aus dem so glücklich begonnenen Feldzug war ein schwieriger Rückzug hinter die Elbe geworden. Das Essen war mangelhaft, die Desertionen nahmen zu, Ruhr und Typhus grassierten, ein pestilenzartiges Fleckfieber trat auf, gegen das es kein Mittel gab. Die Bayreuther Dragoner hatten allesamt keine Stiefel mehr. Überdies griffen die ungarischen Reiterscharen die Nachschubwagen an, und so mußten wir sehen, daß wir im Dezember schnell nach Schlesien kamen.

Ein Krieg ohne Schlachten! Feldmarschall Daun hatte es verstanden, einer Feldschlacht immer wieder auszuweichen. Eine diplomatische Niederlage brachte das Faß zum Überlaufen. Einige Depeschen meines Geschäftsträgers Schmettau in Paris wurden abgefangen, und in diesen stand unverblümt, daß der französische König und ich als Schiedsrichter über das europäische Gleichgewicht fungieren sollten und ähnliches. Ich löste ihn sofort ab, aber die Österreicher nutzten das alles natürlich aus. Ein paar Wochen später starb Kaiser Karl, und damit war der Grund für mein Eingreifen entfallen. Österreich schloß einen Vertrag mit Kaiser Franz I. und hatte die Hände frei gegen Preußen. Jetzt galt es nur noch, Schlesien zu verteidigen und Preußen zu erhalten.

Die Offensive der Österreicher, die nachrückten, konnte vom alten Dessauer abgewehrt werden. Das hob die Stimmung der Truppen, und ich hatte Zeit zum Überlegen. Merkwürdig, jetzt erschien mir der Mut Maria Theresias, die nicht verzagte, als Vorbild. Eine Schlacht könnte alles wenden!

Danach würde der Friede geschlossen werden.

Die mutige Frau

Die Österreicher wollten nach Schlesien hinein und griffen die Übergänge im Riesengebirge an, sie wollten auf die Festung Glatz zu. Am 3. Juni hatten sie die Ebene erreicht. Ich mußte verhindern, daß sie sich festsetzten. So zog ich meine Truppen, die sich erholt hatten, zusammen und führte sie in einem Nachtmarsch dicht vor das österreichisch-sächsische Lager, und als es graute, griffen wir an. Bereits um sieben Uhr war das sächsische Korps aufgerieben, so daß wir gegen die Österreicher schwenken und sie frontal angreifen konnten. Nur die früheren Regimenter von Prinz Eugen hielten noch länger stand und wehrten die Angriffe unserer müde gewordenen Infanterie jedesmal ab. Die Österreicher zogen sich nach Böhmen zurück. Wir hatten bei Hohenfriedberg einen glänzenden Sieg errungen an diesem 4. Juni 1745.

Ich hätte nachsetzen können, vermutete aber, Maria Theresia würde jetzt beigeben. Sie dachte nicht daran. Sie glaubte, die Sonne hätte ihre Soldaten geblendet und der Sturm zu stark geblasen. Aber den Sturm hatten die Preußen entfacht. Um die Verhandlungen nachdrücklicher zu machen, zog ich nach Böhmen, wo wir wochenlang, beide

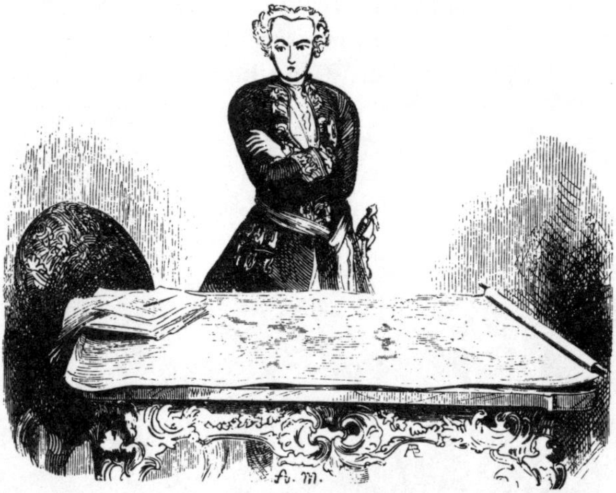

Vor dem nächsten Zug

Seiten erschöpft, gegenüberlagen. Die Verpflegung wurde immer knapper, das Gebiet gab nichts mehr her. Als wir zurückgingen, dachten die Österreicher, es geschähe aus Schwäche, und griffen uns bei Soor an. Obgleich wir gewannen, brachte die Schlacht keinen wirklichen Vorteil. Ich ließ weiter nach Schlesien abrücken in die Winterquartiere.

Die Gegner aber ließen nicht ab. Ich erfuhr von geheimen Plänen, wonach Österreicher und Sachsen im Winter gemeinsam gegen Halle vorgehen, den Fürsten von Anhalt-Dessau attackieren und dann nach Osten vorstoßen wollten, um die schlesischen Regimenter von Berlin abzuschneiden. Ich quartierte mich nach Schlesien um und begann mit zwei Gegenstößen. Aus Schlesien wollten wir die Gegner nach Böhmen hineindrücken. Der alte Dessauer sollte von Halle aus Sachsen angreifen, genau zu dem Zeitpunkt, wenn die Österreicher sächsischen Boden betreten würden. Das geschah am 21. November. Zwei Tage später stellten wir sie, schlugen sie, so daß sie auf Zittau zurückgingen. In Görlitz fanden wir die uns hochwillkommenen sächsischen Reservelager. Eine Woche später griffen die Truppen des Dessauers von Halle aus das Hauptheer an. Er kam mir aber zu langsam, der Alte wurde zu vorsichtig, so daß ich ihm Vorhaltungen machen mußte. Leipzig fiel, und dann ging es über Meißen Richtung Dresden. Die Sachsen

Kesselsdorf bei Dresden

erwarteten uns Mitte Dezember vor den Toren der Stadt bei Kesselsdorf. Es herrschte Frost, und sie hatten die Abhänge mit Wasser begossen, keiner konnte sich dort halten. Fast die Hälfte der Grenadiere lag im Kartätschenfeuer auf dem Eis. Da griffen wir den rechten Flügel an, und nun mußten die Sachsen selbst die Rutschpartie machen. Bald stießen wir vom linken Flügel nach. Die Sachsen flohen. Der Dessauer ließ sie nicht verfolgen, denn ein paar Meilen weiter stand der Österreicher Prinz Karl mit 24000 Mann; der hätte uns angegriffen. Mit dieser Schlacht endete der zweite Krieg um Schlesien. Sachsen erkannte Kaiser

Franz I. an und mußte eine Million Taler Kriegskosten zahlen. Das Wichtigste aber war, daß das Volk, zuvor skeptisch oder sogar offen gegen den Krieg eingestellt, nunmehr für meine Pläne Verständnis zeigte. Am ersten Weihnachtstag wurde der Frieden von Dresden unterzeichnet. Als wir in Berlin einzogen, jubelte man uns zu. *Vivat Fridericus Magnus!* war zum erstenmal zu lesen.

Jetzt, so hoffte ich, war die Zeit gekommen, daß ich mein Volk glücklich machen konnte. Doch vorher mußte die Armee neu organisiert werden. Die Taktik der schrägen Schlachtordnung wurde weiter ausgearbeitet, die Offiziere besser ausgebildet, damit sie innerhalb des Reglements auf eigene Denkart handeln konnten. Denn im Krieg kann man

Friedrich der Große

nicht alles vorhersehen und bedenken. (Ich selbst hatte das früher angenommen.) Und auch die Reichweite von den Magazinen mußte größer werden. Mindestens zwanzig Tagesmärsche sollten es sein, sonst hing man zu sehr an diesem Stricke.

Es handelt sich gegenwärtig nur darum, die politischen Kabinette Europas daran zu gewöhnen, uns in der Stellung zu sehen, in die uns der Krieg gebracht hat, und ich glaube, daß große Mäßigung und Milde gegen alle unsere Nachbarn uns dazu verhelfen kann. Ruhige Zurückhaltung muß für die nächsten Jahre das leitende Prinzip unserer Politik sein. Wir brauchen Frieden, um den Staat zu festigen.

An Heinrich Graf von Podewils, Kabinettsminister (1746)

Stets Aufgeschobenes war nun zu lösen. Zuerst war ein Konsens mit der katholischen Bevölkerung Schlesiens notwendig, immerhin der Hälfte der Einwohner. Der alte Kardinal Sinzendorff starb, und ich setzte einen jungen Mann zum Bischof ein, von dem ich annehmen mußte, er würde mir den Ausgleich der Interessen gewähren. Der Papst mußte grollend zustimmen, machte aber andere Benefizien. Alles in allem ging es einigermaßen gut mit der Religionsfrage, örtliche Reibereien beunruhigten mich nicht; die findet man immer.

Inspektion der Reiterei

In meiner neuen Provinz Friesland, die wir 1744 geerbt hatten, standen nun meine Soldaten. Es gab Proteste, vor allem von Emden aus, das ständische Rechte geltend machte. Die Bauern und die Ritter aber standen zu mir. Das Patriziat wurde gestürzt und meine Verwaltung überall durchgesetzt. Die Einkünfte von Emden benutzte ich, mein Sanssouci zu bauen. Als ich einmal auf dem Wein-

So soll es aussehen!

berg zu Mittag aß und auf das schöne Land sah, wußte ich, hier würden mein Schloß und mein Grab entstehen. Knobelsdorff arbeitete die Pläne aus, und ich bestand auf meinen Ideen dabei. Er knurrte zwar, aber der Bauherr war ich. Mitte April 1745, noch während des Krieges, legte man den Grundstein, und zwei Jahre später zog ich ein. Sanssouci ist bis heute mein liebster Platz geblieben, so wie es früher Rheinsberg war.

Große Sorgen machte mir immer noch der verkommene Zustand der Justiz. Cocceji unterbreitete neue Pläne, und ich schickte ihn hinaus, um die Rechtsverdreher das Fürchten zu lehren. Er begann in Stettin. Das dortige Hofgericht versuchte zwar, schnell ein paar Sachen zu erledigen, aber er fand noch achthundert Prozesse, die überjährig waren! Einer dauerte bereits 200 Jahre, der Streit des Fiskus mit dem Geschlecht von Köller, das in Kantreck bei Kammin saß. Siebzig Aktenbände waren schon gefüllt. Cocceji brachte alle zum Laufen. Bis Jahresende erledigten sie in Stettin 2101 Prozesse, in Köslin wurden 927 Vorgänge abgeschlossen. Dann setzte ich meinen Minister in Berlin ein. Das Kammergericht bequemte sich, nun doch 1364 Nummern bis zum Jahresende abzuschließen. Wie hier kam überall Luft in die Amtsgerichte. Eine Prozeßordnung wurde ausgearbeitet. Endlich wurden die Richter besoldet

»Schaffen Sie Ordnung, Cocceji!«

Die preußische Rechtsprechung hat einen Mittelweg zwischen der Nachsicht der ägyptischen und der Strenge der französischen gefunden: Die Gesetze bestrafen den einfachen Diebstahl nicht mit dem Tod, sie begnügen sich damit, den Schuldigen zu einer gewissen Gefängnisstrafe zu verurteilen. Vielleicht täte man noch besser, das Vergeltungsrecht einzuführen, das bei den Juden befolgt wurde und unter dem der Dieb gezwungen wurde, das Doppelte von dem zurückzuerstatten, was er gestohlen hatte, oder sich dem als Sklaven zu stellen, dessen Gut er an sich gebracht hatte. Wenn man sich damit begnügt, die kleinen Vergehen leichter zu bestrafen, bleiben einem die höchsten Strafen für die Räuber und verschiedenen Mörder, und die Bestrafung hält immer Schritt mit dem Vergehen. F

– was die Termine sehr verkürzte –, und die Anwälte bekamen ihr Geld erst nach der Urteilsverkündung. Prozesse um geringe Beträge, wo die Gerichtskosten weit höher als die Streitsumme lagen, waren von nun ab verboten.

Ich habe mich entschlossen, niemals störend in den Verlauf eines gerichtlichen Verfahrens einzugreifen: In den Gerichtshöfen müssen die Gesetze sprechen, und der Souverän muß schweigen. Zu gleicher Zeit aber hat mich dieses Schweigen keineswegs daran gehindert, die Augen offenzuhalten und das Verhalten der Richter zu überwachen. F

Die Grundlage für ein einheitliches Rechts- und Justizsystem, das wir dringend brauchten, war das »Projekt des Corpus juris Fridericiani«. Zwei Bände waren erschienen, ein dritter stand aus. Darüber starb mein treuer Cocceji, der schon Vater gedient hatte. Die Reform schleppte sich weiter hin.

Ich mußte auch neue Siedler ins Land holen. Meine Gelehrten hatten dafür Voraussetzungen geschaffen – Euler, der Mathematiker der Akademie, und der holländische Wasserbauer Simon Leonhard von Haarlem. Sie hatten berechnet, wie der Oder ein stärkeres Gefälle gegeben werden kann, damit größere Strömung das Wasser der Sumpf-

Fruchtbares Land

gebiete an sich ziehe. Das geschah durch den Bau des Oder-Kanals. Das Grundwasser sank, der Boden konnte kultiviert werden. Dorthin rief ich Siedler, und zunächst erließ oder kürzte ich ihnen die Abgaben. Das Land konnten sie pachten und vererben. (Später wollte ich die rechte Seite der Oder entwässern lassen.)

Einige Junker verstanden nicht, daß ich Frieden in den Dörfern haben wollte, daß man den aber nur haben kann, wenn sich Adel und Bauern vertragen. Unter allerlei Vorwänden verjagten sie die Bauern und eigneten sich das Land an. Da der Adel ohnehin keine Steuern zahlt, die nun aber auch von den Bauern ausblieben, hatte die Steuerkasse zusätzlich zu leiden, nachdem der zu hohe Gutsdienst sie schon sehr geschmälert hatte. Fünf oder gar sechs Tage in der Woche mußten die Bauern dem Junker dienen. Wie sollten sie da noch ihr Land bestellen? Ich drohte damit, die Domänenpächter zu verjagen, wenn sie sich nicht mit drei, höchstens vier Tagen begnügen würden. Die Adligen sollten das selbst einsehen. Die Bauern, ermuntert durch mein Vorgehen, begannen überall Prozesse gegen ihre Gutsherren, und sehr oft hatten sie recht. Ich war dafür, die Auswüchse zu beschränken, damit der Staat nicht aus dem Gleichgewicht komme. Der Adel trug mich, aber er durfte seine Stellung nicht übertreiben. Zuerst kam der Offizier, dann der Beamte. Als Soldaten ließ ich viele Ausländer zu, als Offiziere jedoch nicht. Die Armee durfte nicht in fremde Hände geraten.

Meine Pläne trafen auf viel Widerstand, vor allem auf den pommerschen Rittergütern. Als ich ein Urteil gegen die Gräfin Gessler, das sechs Jahre für gemeine Handlungen gegen ihre Bediensteten vorsah, bestätigen sollte, war es mir zu gering. Ich wollte, daß ein Exempel statuiert würde. Die Gräfin war bereits nach Polen geflohen, nun sollte das Urteil wenigstens abschreckend wirken. Unmenschlichkeiten gehören sich nicht in meinem Land.

Im Kabinett

In Friesland, wo ich einen Besuch machte, wurde ich freundlich begrüßt. Ich ermunterte die Einwohner, die Deichbauten zum Schutze vor dem Nordseewasser fortzu-

Seefahrt?

setzen, und gab selbst aus der Domänenkasse 15000 Taler dazu. Die Indienkompagnie der Kaufleute und Reeder fand mein Wohlwollen. Mit ihr kamen wir in die weite Welt, sogar in den fernen Osten, nach China und Bengalien. Aber auch ich hatte mit der Seefahrt nicht mehr Glück als mein Vorfahr, der Große Kurfürst. Eine Seemacht wurden wir nicht.

Die Friedensjahre vermehrten meine Einnahmen nicht sonderlich, durfte ich die Steuern doch nicht erhöhen. Daß ich die indirekten etwas anhob, traf natürlich die Städte, am meisten Berlin, das knapp 300000 Taler – etwa acht Prozent – beisteuerte. Aus den alten Provinzen kamen vier Millionen Taler ein, aus der indirekten Steuer zog ich etwa zwei Millionen. Da zwei Drittel für die Armee und die Kriegskasse erforderlich waren, lebten wir alle sehr sparsam. Ja, ich verstand jetzt meinen Vater besser, seit seinen Zeiten war Sparen eine Staatstugend in Preußen. Für mich und meinen Hof verbrauchte ich monatlich nicht mehr als 10000 Taler. Davon lebten und bauten wir. Meine persönliche Freude war das Flötenspiel, die Musik überhaupt. Die Musiker bezahlte ich anständig. Trotzdem war mein Pläsier wie das meines Vaters, der seinerzeit ein wenig an der Staffelei stand und die Langen Kerls malte, recht billig.

Abends saßen an meiner Tafel gelehrte und geistvolle Männer, die ein Thema zu beleuchten wußten. Gewiß, oft-

Das Vergnügen

mals erfüllte bissiger Spott die Runde, auch manches Damenbein wurde beschrieben, doch meistens ging es um gedankenreiche Unterhaltung, die bekanntlich wenig kostet.

Heil dem Fürsten, dessen gesundes Ohr die Wahrheit liebt, selbst dann, wenn sie von einem weniger schonenden Mann kommt, aber nur wenige sind solcher Tugendkraft fähig! F

Ich blieb immer unruhig. Zuerst vermutete ich, dann wußte ich von meinen Spionen, daß die Wiener Schlesien nicht verschmerzen wollten. Sie würden angreifen, wenn die Gelegenheit günstig wäre. Der Frieden von Aachen nach dem zweiten Krieg hatte mir zwar Schlesien und die Grafschaft Glatz garantiert, aber die schwierigen Verwicklungen waren damit nicht beendet. Sie spielten sich im fernen Nordamerika zwischen England und Frankreich ab, die um unvorstellbar große Ländereien kämpften; aber die Entscheidungen würden hier in Europa fallen. Da hieß es auf der Hut und auf der richtigen Seite zu sein.

Die Engländer und die Österreicher schienen zusammenzugehen, aber Wien forderte Schlesien, und das interessierte London wenig. Wie seit langem, strebten Frankreich und Preußen ein Bündnis an. Die Franzosen forderten, daß ich Hannover besetze, ich hingegen wollte das ihnen überlassen. So ergab sich nichts. Nunmehr bahnte England Beziehungen mit Rußland an und mietete gegen eine große Summe 55000 Soldaten. Sie mußten sich immer bereithalten zur Einschiffung. Gegen wen? Ich hatte stets versucht, mich aus dem Streit der Großmächte im Westen herauszuhalten, aber jetzt befürchtete ich, daß wir hineingezogen werden konnten. So schloß ich ein Abkommen mit England, mit dem beide Seiten den Frieden in

Sie gibt nicht nach

Zarin Elisabeth, Maria Theresias Verbündete

Man hat sich entschlossen, den König von Preußen ohne weitere Erörterungen anzugreifen, nicht nur, falls der Fürst einen Verbündeten des hiesigen Hofes anfiele, sondern auch dann, wenn der König von Preußen durch einen der genannten Verbündeten dieses Hofes angegriffen würde.

Bericht des sächsischen Gesandten in Petersburg

Deutschland aufrechterhalten wollten. Ein Durchmarsch fremder Truppen sollte nicht hingenommen werden.

Nun geriet alles durcheinander. Die Österreicher schlossen mit Rußland und Frankreich Verträge, die sich gegen uns richteten und die Rückeroberung Schlesiens zum Ziele hatten. Die Sachsen und Schweden schlossen sich an. Diese große Koalition bedrohte England und uns, und wir waren wegen der Lage in der Mitte ziemlich isoliert. Ich wußte, es würde zur allgemeinen Rangelei um Ländereien kommen, wobei man uns auf die Mark Brandenburg reduzieren wollte. So entschloß ich mich, anzugreifen, solange Rußland und Österreich noch nicht vorbereitet waren. Ich hatte die Erfahrungen der beiden Kriege analysiert und in zwei Schriften niedergelegt, in den »Generalprinzipien vom Kriege« und den »Gedanken und allgemeinen Regeln für den Krieg«. Die Generäle bekamen die geheimen Anregungen gedruckt und lernten, daß wir unsere Taktik vervollkommnen mußten: immer schneller sein als die Gegenseite, in unwahrscheinlicher Bewegung vom Marsch in die Linie einschwenken und sofort in den Angriff gehen. Auf das Tempo kam alles an! Wo später diese Taktik gemeistert wurde, siegten wir, wo nicht, verloren wir, denn auch die anderen hatten in den letzten Jahren ihre Armeen verbessert, vor allem die Österreicher. Alle größeren Mächte hatten etwa 150000 Soldaten, die Russen das Doppelte.

Wir zogen gegen Sachsen, den Verbündeten Österreichs. Von dort aus war es leichter, nach Böhmen einzudringen. Bereits am 9. September 1756, knapp zwei Wochen später, besetzten wir Dresden. Die sächsische Armee war bei Pirna eingeschlossen, der Hof saß oben auf dem Königstein und wurde durch uns verpflegt, während die Truppen unten aus Hunger kapitulieren mußten. Ich ließ sie auf mich vereidigen, freilich gegen heftigen Widerstand. Einige Regimenter weigerten sich ganz und gar. Immerhin gewann ich 17000 Sachsen, dazu Jahr für Jahr einiges Geld, die letzten Jahre sogar zwölfeinhalb Millionen Taler. Die Schlösser des Grafen Brühl ließ ich verwüsten, er war ein Verschwender und einer der Hauptgegner Preußens.

Wie sollte ich meine Waffen gegen eine Fürstin wenden, die mir niemals Grund dazu gegeben hat? Es ist mein Wille, keinen Teil an diesem Kriege zu nehmen. Meine Rechtschaffenheit, die ich bis zum sechzigsten Lebensjahr bewahrt habe, gestattet mir nur, Ew. Majestät zu erwidern, daß Sie sich meiner Länder ohne Ursache bemächtigt haben. Europa wird richten über meine Sache und das über die Erdichtung des mir von Ihnen zur Last gelegten Planes, von dessen Nichtexistieren alle Höfe Europas überzeugt sind.

August von Sachsen zu einem Bündnisvorschlag Friedrichs II. (1756)

Sachsen ist wie ein Mehlsack. Man mag darauf schlagen, sooft man will, so kommt immer etwas heraus. *F*

Nach Prag

Natürlich verbanden sich nun die anderen Mächte der Koalition um so enger, sie erklärten den Reichskrieg gegen mich Ende Januar 1757. Ich ergriff im Frühjahr abermals die Offensive und ging in vier Säulen gegen Prag, wo wir Anfang Mai ankamen. Wir schlugen die Österreicher und schlossen die Stadt ein, allerdings unter schweren Verlusten, 14500 waren tot oder verwundet. Meine Infanterie war dezimiert, Feldmarschall Schwerin fiel im Kampf. Die Österreicher erlitten ähnlich hohe Verluste, aber die Stadt

Kapitulation

kapitulierte nicht, und 54000 Mann waren im Anmarsch, sie zu entsetzen. Wenn ich Prag haben wollte, mußte ich die Hauptarmee unter Feldmarschall Daun angreifen. Das geschah in einer nachteiligen Position für uns bei Kolin am

18. Juni. Ich verließ das Schlachtfeld, als die österreichischen Reiter meine Infanterie überritten. Die Verluste kamen fast ebenso hoch wie bei Prag, zudem war die Armee auf der Flucht und ich ebenfalls, nachdem ich Moritz von Dessau das Kommando übergeben hatte. Prag war nicht genommen. Wir gingen nach Sachsen zurück.

Die Kriegskasse war halbiert – ich hatte nur noch sechseinhalb Millionen Taler und mußte mich auf einen Mehrfrontenkrieg einstellen. Während ich in Sachsen die Truppen wieder sammelte, marschierten die Russen in Ostpreußen ein. Feldmarschall Lehwaldt attackierte sie bei Groß-Jägersdorf, wurde aber geschlagen. Er hatte mit einer so starken russischen Artillerie nicht gerechnet. Doch die Russen bekamen große Nachschubschwierigkeiten und gingen wieder zurück, schon Ende August waren sie ins Winterquartier bei Tauroggen abgezogen. Wir blieben also in

Ostpreußen, jedoch griffen die Schweden in Pommern an. Lehwaldt mußte auf Stettin gehen. Dort schlug er die Schweden, drückte sie auf Rügen zurück und belagerte im Januar 1758 Stralsund. Den Nachschub trieb er aus Mecklenburg-Schwerin ein, das mit Österreich verbündet war. Auch Rekruten gewannen wir dort in größerer Zahl.

Inzwischen hatten die Franzosen eine Armee von 115000 Mann aufgeboten und einige Erfolge gegen die Hannoveraner, Hessen und Braunschweiger erzielt. Sie wollten Hannover besetzen und dann auf Sachsen zu. Die ihnen verbündeten Truppen der Reichsarmee waren schlecht geführt, marodierten in Thüringen, nachdem sie Hannover völlig geplündert hatten. Ich konnte sie nicht zur Schlacht stellen. So verging der Sommer 1757, und ein paar Österreicher erschienen Mitte Oktober sogar vor Berlin. Sie zogen aber ab, als sie von dem schnellen Anmarsch der Truppen Moritz von Dessaus hörten. Nun glaubten die Franzosen, sie könnten nach Leipzig ungehindert einrücken, sie lagerten schon davor, bei Mücheln. In der Nähe, bei Roßbach, stellten wir sie, unser Angriff brachte sie zur Flucht. Die Reiterei unter Seydlitz brach den letzten Widerstand, und Franzosen nebst Reichsheer flohen auf die Unstrut zu. Die Franzosen, die Deutschland verwüstet hatten, wurden zum

Der junge Seydlitz

Jetzt hat er alles erreicht, was er immer ersehnt hat: den Franzosen zu gefallen, sich lustig über sie zu machen und sie zu schlagen. Die Nachwelt wird staunen, daß ein Kurfürst von Brandenburg nach einer großen Niederlage gegen die Österreicher, nach dem völligen Ruin seiner Bundesgenossen, in Preußen durch 10000 siegreiche Russen verfolgt, von zwei französischen Heeren bedrängt, die gleichzeitig auf ihn fallen können, es fertigbekommen hat, allen zu widerstehen, seine Eroberungen zu behaupten und eine der denkwürdigsten Schlachten dieses Jahrhunderts zu gewinnen. Ich verbürge mich dafür, daß er jetzt den Klageliedern Epigramme folgen lassen wird. Für die Franzosen im Ausland ist gegenwärtig keine gute Zeit. Man lacht uns ins Gesicht, als wären wir die Adjutanten des Herrn [Charles de Rohan Fürst von] Soubise [(1715–1787), Marschall von Frankreich, verlor die Schlacht bei Roßbach] gewesen.

Voltaire nach der Schlacht bei Roßbach

erstenmal geschlagen. Ich gewann viel Sympathie, vor allem aber auch, weil wir die Marodeure der Reichsarmee verfolgten.

Nun aber brauchte ich einen Sieg in Schlesien. Das Korps Bevern sollte die Provinz schützen, aber die Österreicher beschatteten es ständig, schlugen es vor Breslau. General Lestwitz kapitulierte, die Festung Glogau war verloren. Die Besatzung durfte abziehen, die demoralisierten Soldaten verkauften sogar ihre Montur und Waffen, es blieben nur noch 500 Mann übrig. Sollte ich nun auf Schlesien verzichten, nur weil Bevern sich – man stelle sich das vor – den Österreichern ergeben hatte und in Gefangenschaft ging? Nein, ohne Schlesien ging es nicht. Wieder einmal mußte ich alles auf eine Karte setzen. Mit 40000 Mann ging ich in Stellung vor Leuthen, die Feinde verfügten über ein Drittel mehr. Sie standen in der bekannten Schlachtordnung da, während ich den Schutz der Hügel nutzte, ungesehen umgruppierte und dann über die Flügel angriff. Als sie die Reiterei einsetzten, nahm ich auch sie von der Flanke her und jagte sie in die Flucht.

Drauf!

Vor der Schlacht bei Leuthen

Vierzehn Tage später besetzte ich Breslau wieder. In beiden Bataillen nahmen wir 30 000 Österreicher gefangen. Als wir Ende des Jahres 1757 in die Winterquartiere zogen, war Schlesien wieder in unserer Hand. Ich ließ in Frankreich und Österreich über einen Friedensschluß sondieren. Beide lehnten ab.

Das Jahr 1757, das wir noch in völlig bürgerlicher Ruhe verbrachten, wurde dem ungeachtet in großer Gemütsbewegung verlebt. Reicher an Begebenheiten als dieses war vielleicht kein anderes. Die Siege, die Großtaten, die Unglücksfälle, die Wiederherstellungen folgten aufeinander, verschlangen sich und schienen sich aufzuheben; immer aber schwebte die Gestalt Friedrichs, sein Name, sein Ruhm, in kurzem wieder oben. Der Enthusiasmus seiner Verehrer ward immer größer und belebter, der Haß seiner Feinde bitterer.

Goethe »Dichtung und Wahrheit«

Das nächste Jahr sah mich in der Verteidigung. Zwar siegten wir bei Zorndorf im August gegen die Russen, aber wir mußten unser Geschütz gegen die Österreicher bei Hochkirch lassen. Wir gewannen nichts, wenn man von den Hilfsgeldern der Engländer an uns in Höhe von vier Millionen Talern jährlich absieht. Die Verluste aber wurden in jeder Schlacht größer, manchmal betrugen sie ein Drittel der Armee.

Kurz, liebe Schwester, die Lumpen von Kaisern, Kaiserinnen und Königinnen zwingen mich dieses Jahr noch zum Seiltanzen. Ich tröste mich mit der Hoffnung, daß ich dem einen oder andern mit der Balancierstange tüchtig eins auswischen werde. Ist das aber geschehen, so muß man wahrhaftig an den Frieden denken. Welche Menschenopfer! Welch entsetzliche Schlächterei! Das Vorurteil der Welt stempelt diese Bluttaten zwar zum Heldentum, wenn man sie aber aus der Nähe sieht, sind sie stets grauenvoll.

An Wilhelmine (1758)

Noch schlimmer war es im Sommer 1759, als wir östlich Frankfurt bei Kunersdorf in die Schlacht zogen. Die Österreicher und die Russen waren überlegen, aber ich wollte ihnen wie aus heiterem Himmel kommen. Das gelang nicht, und so litten wir unter dem ungünstigen Gelände, in dem sich die Reiterei nicht entfalten konnte. Die russische Artillerie schlug in die Infanterie, die floh. Die gegnerische Reiterei griff die Reste an und trieb sie noch tiefer in die Wälder. Ich hatte den Bogen überspannt. Meine Taktik, auch überlegene Kräfte aus anscheinend ungünstiger Position überraschend anzugreifen, war hier gescheitert. Ich glaubte, ich sei am Ende, dachte bereits an meine Opiumdose und schrieb einen Abschiedsbrief.

Kunersdorf

Geschlagen. Verloren?

Unser Verlust ist sehr groß. Von 48000 Mann vor der Schlacht verfüge ich gegenwärtig nur noch über 3000. Alles flieht, und ich bin nicht mehr Herr meiner Leute. Ich habe keine Hilfsmittel mehr, und ich muß gestehen, daß ich alles für verloren halte. Den Untergang meines Staates vermag ich nicht zu überleben. Adieu für immer.

An Minister Karl Wilhelm Finck von Finckenstein am Abend nach der Schlacht (12. 8. 1759)

In Fürstenwalde sammelten sich die Versprengten, die Oderübergänge ließ ich sperren. Ich nahm an, die Verbündeten würden jetzt auf Berlin rücken, doch nichts dergleichen geschah, sie rückten nach Süden ab. Die Österreicher wollten nicht in die Neumark, die Russen nicht weiter als bis zur Oder. In mir kam wieder Hoffnung auf. Zwar drang jetzt, wo ich Sachsen von meinen Truppen entblößen mußte, die Reichsarmee nach Dresden vor und zwang die Festung zur Kapitulation, aber das wollte ich wieder auswetzen. Den Österreichern versuchte ich den Nachschub abzuschneiden, stellte es aber ungeschickt an. Das Korps

Finck wurde von Daun leicht eingeschlossen, und so fielen 14000 Soldaten und neun Generäle mit allen Ausrüstungen, darunter siebzig Kanonen, in österreichische Gefangenschaft. Die Gegner höhnten, sie hätten einen »fröhlichen Finckenfang« gehabt. Ich gab nicht auf und wollte Daun auch im Winter schlagen, aber die Soldaten kamen an Hunger und Frost auf dem Felde um. Mein Bruder begann mich zu kritisieren.

Unglück

Von dem Tage an, da er [Friedrich II.] zu meiner Armee gekommen ist, hat er Unordnung und Unglück verbreitet, all meine Mühe in diesem Feldzug und das Glück, das mich begünstigt hat, alles ist verloren durch Friedrich.

Prinz Heinrich, nach dem »Finckenfang« bei Maxen (1759)

Das neunundfünfziger Jahr war das unglücklichste in meinem Leben. Ich mußte versuchen, Frieden zu machen, und wandte mich an Georg II. Die Engländer luden auch zu einem Friedenskongreß ein, aber die Österreicher und

Russen kamen nicht. Also mußten wir weiterkämpfen und durften nicht warten, bis wir attackiert wurden, sondern mußten wiederum selbst angreifen. Es war immer schwerer, Rekruten zu finden. Auch in Mecklenburg und Sachsen fanden die Werber allenthalben Widerstand, die Männer liefen einfach in die Wälder. Dazu kamen die Geldschwierigkeiten. Ich ließ schlechtere Münzen prägen und hatte daraus einen momentanen Gewinn. Die Kontributionen in Sachsen wurden abermals erhöht, inzwischen auf zwölfeinhalb Millionen Taler.

Ich hatte ein paar türkische Würdenträger bestochen, damit die Türkei eine Front gegen Österreich aufmache. Aber der Großmogul wollte nicht, obgleich ich diese Entlastung immer noch erhoffte. Es blieb nichts übrig, als die Russen, die wieder anrückten, anzugreifen. Mein Bruder

Aufmarsch

Heinrich marschierte ihnen entgegen, und gleichzeitig griffen die Österreicher in Schlesien an, und bei Landeshut siegten sie, nahmen fast 10000 Mann gefangen. Dazu die Gefallenen und Verwundeten. Heinrich drehte um, und ich kam ihm aus Sachsen entgegen. Bei Liegnitz lagerte die dreifache Übermacht der Gegner. Als sie mit Gebrüll unser Lager angriffen, war es leer. Wir hatten inzwischen das andere Korps unter Laudon überrannt, die Verbindung zu Heinrich hergestellt und die Österreicher hinter die Katzbach zurückgedrängt. Mühsam standen wir wieder einigermaßen fest in Schlesien, da zogen die Russen und Österreicher auf Berlin. So mußte ich dorthin. Sie konnten zwar die

Flucht

Münze zerschlagen, die Pulvermühlen in die Luft schicken und das Zeughaus anbrennen, doch als sie hörten, ich rücke vor, zogen sie ab.

Mein Wahlspruch ist siegen oder sterben, in allen anderen Lagen lassen sich Mittelwege denken, in der meinigen gibt es keinen.

An Prinz Heinrich vor der Schlacht von Torgau

Anfang 1760 stellte ich sie bei Torgau an der Elbe, teilte meine Infanterie, versuchte Daun zu umgehen und von hinten anzugreifen, was aber nicht vollständig gelang; er hatte den Plan gerochen. Da er gut verschanzt war, gelang es nur schwer, gegen ihn anzukommen. Da half Zieten mit seinen Husaren, der ankam wie aus dem Busch, den Geg-

Torgau

ner überraschte und die Schlacht entschied. Wir hatten uns in diesem Jahr behauptet, die Gegner Schlesien nicht in die Hand bekommen können, aber die Verluste waren sehr,

sehr hoch. In Torgau verlor ich zwei Fünftel meiner Armee.

Der Krieg zog sich noch hin, auch im Jahre 1761, in allen Provinzen, in Schlesien und Vorpommern, in Hinterpommern und Oberschlesien, wo die Österreicher noch einmal in Schweidnitz eindringen konnten. Dazu kam, daß die Engländer ihre Politik änderten. Sie hatten in den Kolonien gegen Frankreich gesiegt und strichen nunmehr die Subsidien an uns. Wir hatten Frankreich gebunden, und damit war es für die Briten erledigt. Für Schlesien interessierten sie sich nicht, sondern sie waren am Handel mit Rußland interessiert. Ich mußte die Kontributionen in Sachsen noch einmal erhöhen, auf knapp fünfzehn Millionen Taler.

Gebet eines sächsischen Bauern

Aus der Tiefe rufen wir, Herr, zu dir:
treib unseren Beschützer weit von hier.
Er sagt uns viel von der Religion,
bis wir zuletzt kein Brot mehr hon.
Haber und Heu hat er uns genommen,
ach, hilf, daß die Husaren und Panduren kommen.
Knecht und Pferd sind entrissen.
Ach, Herr! Er hat uns recht beschissen.
Vertilge ihn samt seinen Namen
und sprich dazu den Frieden. Amen.

Alles in allem waren wir am Ende, der Sieg schien ferner denn je. Jeden Tag könnte der Gegner zum Todesstoß ansetzen, den er schon einmal versäumt hatte und deshalb wahrscheinlich jetzt nicht mehr zu führen zögern würde. Dann ade Preußen!

Im siebenten Jahr des Krieges kam die Rettung. Zarin Elisabeth, mit Maria Theresia meine entschiedenste Feindin, starb am 5. Januar 1762. Von ihrem Sohn Peter wußte man, daß er ein Anhänger, ja Verehrer von mir war. Deshalb hatten die russischen Armeeführer schon zuvor nicht

Als er aber den Tod der Kaiserin Elisabeth erfuhr, welcher unserer traurigen Lage eine so günstige Wendung gab, blies er drei Stunden auf der Flöte. *Carl Wilhelm von Hülsen*

entschieden gegen mich gekämpft. Sie wollten wohl nicht in den Verdacht kommen, besonders wilde Antipreußen zu sein, das hätte sie beim Thronwechsel ihre Posten kosten können.

Hält man alles zusammen, so sieht man Preußen am Ende des letzten Feldzuges dem Untergang nahe. Nach der Meinung aller Staatsmänner ist es bereits verloren, erhebt sich aber wieder durch den Tod einer Frau und behauptet sich durch den Beistand der Macht, die am eifrigsten an seinem Sturze gearbeitet hatte. *F*

Peter III. ließ sofort und ohne Bedingungen die Waffen ruhen, gab mir die Kriegsgefangenen zurück, und am 5. Mai schlossen wir Frieden. Jetzt zögerte auch Schweden, das in guter Nachbarschaft mit Rußland leben mußte, nicht länger. Noch im selben Monat wurde der Friedensvertrag in Hamburg unterschrieben. Es gelang mir sogar, den Frieden mit Rußland in ein Bündnis zu verwandeln. Die Armee von Tschernitschew, die bereits auf dem Abmarsch war, kehrte in Thorn um. Peter stellte die 20000 Mann unter mein Kommando. Sogar der Tatarenchan und die Türken machten Anstalten, zu unseren Gunsten gegen Maria Theresia einzugreifen. Erleichtert wollte ich wieder gegen die Festung Glatz vorgehen, nachdem die Russen eingetroffen waren.

Doch dann erschien am 17. Juni Tschernitschew und sagte mir, daß Peter zur Abdankung gezwungen worden war und Katharina II., seine Gemahlin, die Russen wieder zurückrief. Ich hatte immer über ihre Vorliebe für kräftige Mannsbilder und guten Wodka gespottet, und nun rächte sie sich. Ich bat Tschernitschew, noch drei Tage zu bleiben, um die Österreicher zu täuschen. Am 21. Juli begannen bei Burkersdorf die Kämpfe. Daun zog ab ins Gebirge. Ich belagerte

Schweidnitz bis zum 9. Oktober, dann ergab sich die Besatzung; dreieinhalbtausend waren gefallen, neuntausend gingen in unsere Gefangenschaft.

Nun hatten die Österreicher nur noch Glatz. Ich ließ sie dort schmoren und kümmerte mich wieder um Sachsen, das ich zwar nicht halten – soviel war mir klar –, aber als Faustpfand in Friedensverhandlungen benutzen konnte. Die Reichsarmee war in Sachsen eingedrungen und mußte hinausgeworfen werden, sonst wäre Torgau umsonst gewesen. Ende Oktober schlugen wir die Österreicher und die Reichstruppen vor Freiberg. Bevor General Wied, den ich vorausgeschickt hatte, eingetroffen war, schrieb mir mein Bruder Heinrich bereits die Siegesmeldung. Maria Theresia hatte auf Daun gehört: auch Österreich würde ein weiteres Jahr nicht durchhalten, nicht einmal den Winter.

Erstürmung der Burkersdorfer Höhen

Katharina II.

Katharina wollte vermitteln. Aber ich brauchte das gar nicht. Am 15. Februar 1763 unterzeichneten wir in Hubertusburg den Frieden zwischen Österreich, Sachsen und Preußen. Der Vertrag von Breslau wurde anerkannt, wir behielten Schlesien, erhoben keinen Anspruch auf Sachsen, und der Königin sicherte ich zu, für die Wahl ihres Sohnes Joseph als König von Rom zu stimmen.

Gegen alle Mächte Europas haben wir gekämpft, nur gegen England nicht. Nun sind wir eine Großmacht. Hat es sich gelohnt, dafür elf Jahre Krieg zu führen? Leichter wäre es gewesen, Maria Theresia zu heiraten. Aber erst nach dem Essen weiß man, wie es geschmeckt hat.

Du hast Beziehungen zum Himmel, die ich nicht habe, und kannst somit wissen, wie Dein ewiger Schwiegervater uns begünstigt oder benachteiligt. Ich armer Sterblicher, der keinen Hund im Paradiese kennt, lebe in der größten Unkenntnis darüber, empfange das Gute, was mir begegnet, mit Freuden und ertrage das Böse in Geduld.

An die Schwester Amalie (1723–1787), Äbtissin von Quedlinburg (1763)

Schweres Los

Das Land hatte schwer geblutet, und auch ich fühlte, daß ich kein Jüngling mehr war. Die Wunden mußten bald geheilt werden, und glücklicherweise war meine Kasse auch am Ende des Krieges nicht leer, obwohl die fünfundzwanzig Millionen Taler nur noch den halben Wert hatten. Ein Drittel wurde verteilt. Schlesien, Pommern und die Neumark befreite ich vorläufig von den Steuern, hatten sie doch am meisten gelitten. Dann ließ ich die Magazine durchsehen und 42000 Scheffel Korn für Aussaat und Mehl verteilen. Die Landräte mußten aufschreiben, was an Pferden, Ochsen, Kühen dringend gebraucht werde. 35000 Armeepferde wurden zur Arbeit geschickt.

Dann zog ich durch meine Provinzen. Ich mußte selbst kontrollieren, ob nicht ein Teil des Geldes in den Fingern der Beamten hängenblieb. Sie waren wirklich nicht gut besoldet und wollten auch mehr Einkünfte von mir. Es ging aber nicht. Als der Geheime Rat Taubenheim mir jedoch vorschlug, ihnen die Gehälter noch zu kürzen, zog ich ihm tausend Taler seines Jahressalärs ab. In einem Jahr sollte er mir sagen, wie förderlich sich das auf seine Haushaltsführung ausgewirkt hätte. Das sprach sich herum. Ich wollte, daß alles vernünftig zugehe. Vor allem lag mir daran, daß mich die Leute für gerecht gegen jedermann hielten. Geringe Strafen genügten bei kleinen Vergehen. Wenn nun ein Unglücklicher, um sein Leben zu fristen, ein paar Goldstücke, eine goldene Uhr oder ähnliche Kleinigkeiten einem Manne entwendet, der bei seinem Reichtum den Verlust gar nicht merkt, muß dieser Unglückliche dafür mit dem Tode büßen? Adlige Standesdünkel mochte ich nicht, die waren überholt und überflüssig. Beamte waren nötig, die unparteiisch gegen jedermann vorgingen und aufs empfindlichste die Gesetze und Anordnungen befolgten, sie im Staatsinteresse richtig anwandten. Allerdings, die Geschichte, daß ich dem Windmüller bei Sanssouci untersagt hätte, die Mühle weiterzubetreiben, weil mich ihr Klappern störte, ist erfunden, jedoch habe ich ihr auch nicht widersprochen. Daß selbst der König einem Windmüller gerecht werden mußte, konnte nur für mein Ansehen wirken. Ich habe dem Mann sogar etwas zugesteckt, damit er das alte Monstrum weiter betreibe, wovon aber niemand etwas erfahren durfte.

Anders mit dem Wassermüller Arnold, der sich bei mir beklagte, nachdem ihm die Regierung in Küstrin keine Gerechtigkeit hatte widerfahren lassen, daß Landrat von Gersdorff das Mühlenwasser in einen eigenen Karpfenteich geleitet und somit abgegraben habe; er müsse seine Mühle in Züllichau nunmehr stillegen. Da soll doch gleich der Teufel dreinschlagen! Der Oberst, den ich zur Untersuchung schickte, sagte, Arnold hat recht. Ein Regierungsrat meinte, die Verwaltung hat recht. Was ist nun richtigt? Die Küstriner mußten mir einen weiteren Bericht machen und ließen alles beim alten, die übliche Gevatterschaft! Das Kammergericht, dem ich den Fall übertrug, gab dem Müller unrecht, aber es konnte keine Begründung geben. Überall diese Adelscliquen!

Ich zitierte die Quacksalber des Kammergerichts aufs Schloß und den Justizminister Fürst gleich mit. Dieser Großkanzler wollte mich in meinem eigenen Hause belehren, ich setzte ihn für immer vor die Tür! Gersdorff schien

Empfang der Räte

sie alle bezahlt zu haben. Ich mußte das Urteil kassieren, und die Kerle kamen auf der Stelle ins Gefängnis. Der Müller Arnold aber erhielt seine Pacht wieder zurück! Den Richtern ließ ich den Prozeß machen, es mußte ein deutliches Exempel statuiert werden, Festungsarrest war das Geringste. Als sich die Angelegenheit herumgesprochen hatte,

Vivat Friedrich!

standen die Leute vor dem Schloß und riefen Vivat. Anstelle des Fürsten ließ ich den jungen Präsidenten Carmer aus Breslau rufen, der sollte mir die ganze Rechtsreform in Gang bringen. Ein junger Dichter schrieb mir sogar die Worte zu: »Ich weiß wohl, die Reichen haben viele Advokaten, aber die Dürftigen haben nur einen, und das bin ich.« Ich habe das zwar nicht gesagt, wie dieser Goethe behauptete, aber ich habe auch nicht dementiert. Ich hätte in der Nachkriegszeit hundert Arme haben mögen, so viel gab es zu tun.

Unser Staat braucht einen Herrscher, der alles mit eigenen Augen sieht und selbst regiert. Wollte das Unglück, daß es anders wird, so ginge alles zugrunde. Nur durch emsigste Arbeit, beständige Aufmerksamkeit und viele kleine Einzelheiten kommen bei uns die großen Dinge zustande. *F*

Am meisten fehlte es an Geld. Es konnte nur aus den Steuern kommen, vor allem für Schnaps und Bier, Gewürze und Kaffee. Brot und Schweinefleisch dürfen nicht besteuert werden, das essen die Armen. Jährlich gingen 700000 Taler ins Ausland, wofür man grünen Kaffee einkaufte, den alle Welt trank. Sie rösteten ihn heimlich, da

Kaffeeriecher

ich den Preis von fünf Groschen auf vierundzwanzig Groschen das Pfund erhöht hatte. So schickte ich viertausend Invaliden durch die Häuser, die riechen mußten, ob jemand geschmuggelten Kaffee röstete. Wer dann keinen Brennschein hatte, kam drei Jahre auf die Festung. Akzisen und Zölle wurden in meinen Ländern leider übel verwaltet, es mangelte an den nötigen Aufsehern. Einige Unterfinanzräte hatten im letzten Krieg geglaubt, die preußische Monarchie habe ihr Ende erreicht, und so hatten sich diese Patrioten erlaubt, nach Belieben zu stehlen. Nach dem Kriege war Ordnung in allen Dingen nötig, und dem inländischen Gewerbe mußte ich aufhelfen. Fabriken sind die Seele meines Landes. Sie konnten nicht anders bestehen, als daß ich die Einfuhr fremder Fabrikwaren verhinderte. Dies war die Veranlassung der Regie, und sie sollte zugleich ein selbständiges Steuersystem werden, wie es in Frankreich üblich war. Allerdings waren die zweitausend Finanzkünstler das Geld nicht wert, das sie bekamen, immerhin zehn Prozent der Einnahmen. So schickte ich die Kanaillen nach Hause, auch zweihundert Franzosen, die teuer genug gewesen waren.

Meine Steuern waren gering, jeder Zahler mußte 1,8 Taler im Jahr dem Fiskus geben. Das war günstig. Die Bevölkerung wuchs an, und die Kriegsverluste konnten bald ausgeglichen werden. Als ich an die Regierung trat, zählte Preußen 2,2 Millionen Einwohner, in den achtziger Jahren waren es in den alten Provinzen dreieinhalb und mit Schlesien und den anderen neuen Gebieten knapp sechs Millionen. Ohne zu große Geldopfer war die Wirtschaft in Schwung gekommen. Gewiß, wir hatten alle nicht viel, aber kannten auch nicht diese großen Unterschiede wie in Frankreich, wo die einen in Sekt badeten und die anderen Brotrinden kauten.

Hier habe ich im Frieden eine neue Provinz erobert.

Im Oderbruch (1763)

Solide bauen!

Das Oderbruch war bereits entwässert und gab gutes Gras für das Rindvieh, nun konnte ich in der Neumark an das Warthe- und Netzebruch gehen. Auch dort entstanden fruchtbare Weiden und Äcker. Insgesamt waren es diesseits und jenseits der Oder über 400000 Morgen guten Landes.

In diesen Jahren bauten die Preußen zweihundertfünfzig neue Dörfer und zweitausend Häuslerstellen. Ich verlangte Ziegeldächer und ließ die alten Feuerstellen aus Lehm und die hölzernen Rauchfänge nach und nach abreißen. Torfgräber aus Westfalen und Seidenspinner aus Frankreich kamen in beträchtlicher Zahl. Ich ließ sie wirtschaften, und wenn ich einen neugepflanzten Eichenwald sah, freute ich mich und lobte die Forstmänner.

Die einzelnen Gebiete des Landes sollten möglichst durch Wasserstraßen verbunden werden. Der Plauesche Kanal war schon 1745 fertiggebracht, damit Elbe und Havel verbunden. Dann kam der Finow-Kanal an die Reihe, der die Oder mit der Havel verband. Und nun mußte noch ein Kanal zwischen Oder und Weichsel gegraben werden, der Bromberger Kanal. Der war erst 1772 fertig.

Für alle wichtigen Wirtschaftszweige richtete ich Departements ein, die vom Generaldepartement geleitet wurden. Sie hatten an dem Retablissement kräftig zu arbeiten, damit die Staatsfinanzen wieder stark würden. Eine gesunde Steuer beweist die Kraft der Wirtschaft. Dazu aber muß das

Kanal

Land peupliert sein, leere Dörfer können keine Wirtschaft treiben. Pläne gab es genug. In den achtziger Jahren wollte der tüchtige Bergrat von Heinitz in Oberschlesien eine Stahl- und Eisengußfabrik einrichten und dazu Geld von mir. Zwar förderte ich Staatsunternehmen, aber ich mußte ihm antworten, daß ich in dem betreffenden Jahr kein Geld dafür hatte und daß ich ihm nicht sagen könne, woher geeignete Leute kommen sollten.

Es wäre leicht möglich gewesen, Bauern zu erlauben, aus den Dörfern in die Städte zu gehen. Viele wollten das wegen der freieren Arbeit, aber dann hätten mir die Gutsbesitzer in den Ohren gelegen, woher sie die Leute nehmen sollten, um das Land zu bestellen. Wenn sie entkommen waren, versteckten sich die Bauern in den Städten, und die Herren ließen die Polizei nach ihnen suchen. Oft wurden die Flüchtigen nicht gefunden.

Die Armee wollte ich ebenfalls nicht verringern, im Gegenteil. Wer konnte wissen, ob wir nicht wieder in große Kriege verwickelt werden würden? Außerdem spielte ich immer mit dem Gedanken, Preußen an seinen Grenzen abzurunden. Vor allem Sachsen reizte mich, außerdem Vorpommern und Westpreußen. Ich hielt solche Gedanken natürlich geheim, schrieb sie aber für meinen Nachfolger auf. Diese Pläne muß man anpacken, wenn die rechte Zeit gekommen ist. – Vorderhand dürfen die Soldaten aus den Kasernen beurlaubt werden, wenn die Wirtschaft es verlangte. Sie bleiben Soldaten, arbeiten aber als Spinner in den Manufakturen, manchmal zusammen mit ihren Frauen und Kindern, meistens zwölf Stunden, außer sonntags.

Ab und zu gelang es, gute Arbeitshände aus anderen Ländern anzuziehen. Splitgerber und Daum aus Berlin hielten in ganz Europa Ausschau, wo wegen Intoleranz in Glaubensfragen unzufriedene Arbeiter zu gewinnen waren. Die Messingwerke in Eberswalde wurden von Ungarn, Schweden und Norwegern, von Holsteinern und Leuten aus dem Harz aufgebaut. Der Meister für die Spandauer Gewehrfabrik kam aus Belgien. Bei mir konnte jeder seines Glückes Schmied sein. Manchmal wurde allerdings weniger gezahlt, als versprochen worden war. Die ersten erhielten das Handgeld, und wenn sie dann ihre Landsleute nachholten, zahlte man denen weniger. Die Armen waren mit der Familie hierhergezogen, und man betrog sie. Das gab Miß-

Bittsteller

mut. Wenn ich das erfuhr, ließ ich die Richter arbeiten, aber ich bekam so viele Eingaben, daß ich gar nicht alle lesen konnte. Was dann mit ihnen geschah, konnte niemand mehr kontrollieren. Nur der Adel war bei Eingaben sehr hartnäckig, wie auch die Herren Unternehmer.

Bei Administration derer Ämter muß die Kammer sehr aufmerksam sein und dahin ernstlich sehen, daß die Administratores mit denen Untertanen nicht auf den harten polnischen Fuß umgehen, weil seine Königliche Majestät alle Sklaverei und Leibeigenschaft abgeschafft und die Untertanen als freie Leute angesehen und behandelt wissen wollen. Schließlich muß unter denen katholischen und evangelischen Untertanen nicht der allermindeste Unterschied gemachet werden, sondern selbige müssen bei der Krieges- und Domänenkammer ohne Rücksicht auf die Religion auf gleichen unparteiischen Fuß schlechterdings gehöret und auf alle Weise behandelt werden.

Befehl an die Kammer von Marienwerder

Es muß im Staat eben alles zusammenspielen, die Armee, die Wirtschaft und die Verwaltung, zusammengehalten durch die Finanzen. Für die Finanzwirtschaft gelten zwei Grundsätze: die Wirtschaft und die Verwaltung müssen aus fremden Landen Geld hereinziehen – im Kriege auch die Armee –, und andererseits müssen die Departements verhindern, daß Geld nicht in unnötiger Weise aus dem Lande rollt. Dazu erließ ich immer mehr Verbote und Vorschriften. So ordnete ich schon im Kriege den Kartoffelanbau an, was mancher nicht verstand, denn er wollte die grünen Knollen außerhalb der Erde essen, und die schmeckten ihm nicht. Jetzt, im Frieden, war Zeit, die Dinge aufzuklären, Maulbeerbäume waren möglichst in jedem Dorf anzubauen, um Seide erzeugen zu können und keine wüsten Flächen mehr zu haben. Mancher Adlige lernte die Landwirtschaft von Grund auf und verwaltete sein Gut nach Wissenschaft und Bauernerfahrung, aber recht viele verbrauchten nur die Einkünfte und überließen die Dinge der praktischen Landwirtschaft ihren bezahlten

Verwaltern. Der Adel muß das lernen, der alte Zieten hat es auch geschafft und alles für den Fortschritt im Ackerbau getan.

Dumme Herrschaften verboten ihren Bauern sogar wichtige Veränderungen, sie klebten am alten. Auf meinen Inspektionsreisen rückte ich manchem den Kopf zurecht. Vor allem sollen sie die Bauern nicht schikanieren, sondern wirtschaften lassen, wie die wollen. Dabei kann nur Gutes für alle herauskommen. Viele Bauern wehrten sich gegen unsinnige Anforderungen, gegen immer neue Lasten. Im Oderbruch wollte man die Kolonisten sogar in der Erntezeit zwei Wochen zum Hofdienst schicken. Sie rebellierten und verweigerten sich. Es waren Spinner und Weber, die gar keinen Nutzen in der Landwirtschaft gebracht hätten. Da der Aufruhr größer wurde, schickte man Militär dagegen, mancher wurde verhaftet.

Kolonisten

Heimat

Die klügeren Bauern wandten sich an die Gerichte, die mit Klagen überhäuft wurden. Es ging um Fuhrdienste und Wildhegung, die Schaden auf den Fluren anrichtete, um zu hohe Holzpreise und Hofdienste. Viele blieben, nachdem sie Klage erhoben hatten, den Diensten fern, obwohl das Gericht noch nicht gesprochen hatte, worauf wieder Soldaten geschickt werden mußten. Mancher Prozeß wurde zwanzig oder dreißig Jahre hingeschleppt, lokale Unruhen blieben nicht aus.

Was konnte ich dagegen tun?

Ich hörte auf Leute, die für Monopole eintraten. Sie bringen mit Hilfe des Staates großen Nutzen, aber überall regte sich Widerstand dagegen. Nicht nur gegen die Akzise auf Luxusgüter, sondern auch gegen die starken Unternehmer, die große Aufträge für die Armee hatten und dabei noch den Lohn der Arbeiter senken wollten. Sogar Arbeit wurde verweigert. Die Seidenwirkergesellen meuterten gegen ihren Herrn, das konnte man nicht dulden. Die Rädelsführer wurden bestraft, aber die Löhne nicht so grob gesenkt. Ich mußte immer darauf achten, daß die Balance gehalten wurde. Besonders seitdem eine neue Balance in Europa hergestellt ist, kommt es auch auf das Gleichgewicht im Inneren an. Die Kaufleute müssen frei handeln können, aber ich hatte vor allem die Manufakturen im Auge – sie stellen die Waren her. Mußten wir wirklich Papier aus Holland einführen, wenn es auch gut war? Uns fehlten ein paar Männer, die das Gewerbe gelernt hatten. Sie mußten nur gewonnen werden und unsere Leute anlernen oder eigene mitbringen. Die Holländer sortierten die feinen Lumpen sehr genau und verwendeten die groben gar nicht. Bei uns drehten die Mägde aus den Lumpen Zunder zum Feuermachen. Da man das nicht verbieten kann, sollten die Aufkäufer von Lumpen zugleich Schwämme mitbringen und sie gegen Lumpen eintauschen.

Mein Departement verließ sich zu sehr auf die Soldaten als Arbeitskräfte. Aber was ist im Krieg? Dann müßten ja alle Fabriken stillestehen. Nein, in den Städten, vor allem in Berlin, kam es darauf an, die Leute für immer in den Fabriken zu haben. Oft war das zu kostspielig, weil die Rohstoffe zu teuer waren. Ich wies die Beamten an, mehr Fabriken in den kleinen Städten anzusiedeln, besonders wo Wasserstraßen billigeren Transport ermöglichten. Dort sollte man auch Waren herstellen, die bisher eingeführt werden mußten. Man würde an solchen Orten auch die Arbeiter

---

Da noch sehr viele Sachen sind, wofür das Geld aus dem Lande gehet und die gleichwohl hier im Lande ebensogut angefertigt und gemacht werden können, so habe Ich Euch hierdurch aufgeben wollen, daß Ihr Euch die Verbesserung und Vermehrung der einländischen Manufakturen hauptsächlich angelegen sein lassen und beständig darauf raffinieren sollet, wo hin und wieder, besonders in kleinen Städten, die sich dazu schicken, neue Manufakturen von solchen Sachen angelegt werden, die allhier entweder noch gar nicht oder doch nicht in hinlänglicher Quantität angefertigt werden, damit das Geld davon nicht fernerhin außerhalb des Landes gehet, sondern im Lande selbst verdienet werden kann.

An Minister Friedrich von Görne (1777)

---

besser behandeln, und die Unternehmer könnten in Schranken gehalten werden.

Ich hatte ihnen doch deshalb die Vorschüsse, Gnadengeschenke, Häuser, Abgabenbefreiungen, Fabrikations- und Exportations-Bonifikationen und andere Benefizien gegeben, damit sie die Arbeiter in ständiger Arbeit und Nahrung halten, was aber taten sie? Oftmals wurden die Meister gegen billigere Gesellen ausgetauscht, die aber die erforderlichen Fähigkeiten noch nicht hatten.

Jeder Seidenmeister sollte zwei Stühle haben. Wenn einer drei oder vier bediente und dadurch in Schwierigkeiten kam, sollte die Zahl der Bedienungen herabgesetzt, er aber keinesfalls entlassen werden. Auch sollten die einheimischen, beweibten Gesellen nicht hinter die ledigen, billigeren Wandergesellen zurückgesetzt werden dürfen. Auf Verstöße setzte ich eine Strafe von zehn Rheintalern.

Viel besser als die Pfennigfuchserei bei den Löhnen ist der Einsatz neuer Maschinen. Da lobe ich mir den Kriegsrat Gansauge, der in der Kohlengrube Altenweddingen eine der fauchenden Dampfmaschinen in Betrieb nahm. Er berichtete aus Magdeburg, daß die englische Maschine wohl funktionierte und mit ihr Wasser abgepumpt werden könne. Im Mansfeldischen Revier probierte Carl von Bückling eine kleine Dampfkunst aus, die er der Wattschen nachgebaut hatte.

Die gelungenen Versuche sprachen sich herum. Sogleich stiegen verschiedene Manufakturen ein und bauten eine richtige, große Maschine. Das Berliner Gießhaus goß den Dampfzylinder, ein Eisenhammer in Oberschlesien formte und verdichtete die Kolbenstange, die Gießerei in Zehdenick goß Einzelteile, die Ilsenburger Hütte stellte die Pumpen her, der Kupferkessel stammte aus Eberswalde, in Hettstedt wurde alles zusammengebaut und die Maschine auf dem Schacht benutzt. Wir Preußen zeigten uns der neuen Technik gewachsen. Hier liegt die Zukunft der Produktion, hier muß gefördert und unterstützt werden.

Leicht geht das aber nicht, viele beharrten im Bekannten und fürchteten sich vor dem Neuen. Immer muß jemand kommen und ihnen sagen, was zu tun ist. Ich kümmere mich jedenfalls um alle Einzelheiten. Es gibt keine Kleinigkeiten. Ein fehlender Stein kann ein ganzes Gebäude ins Wanken bringen.

Prahlender Invalide

Es ist schon wahr, in Friedenszeiten kann man sich mehr den segensreichen Dingen zuwenden, die Wohlfahrt befördern, aber die Dinge im Äußeren gehen auch weiter. Im Herbst nach dem Frieden von Hubertusburg starb Sachsens August und machte auch den polnischen Königsthron frei. Die Nachfolge würde hart umkämpft sein. Das war jedem klar, und auch für mich war der Ausgang von allergrößter Wichtigkeit. Zwar hatte sich die neue Zarin während des Krieges, nach anfänglicher Neigung zu Österreich, neutral verhalten, aber ein aktives Bündnis mit dem russischen Riesenreich wäre noch wesentlich besser. Mit dem offenen polnischen Thron war diese Möglichkeit nun gegeben.

Nebst Sachsen wäre für uns Polnisch-Preußen [Westpreußen] am vorteilhaftesten. Es trennt jetzt Pommern von Ostpreußen und hindert, dieses zu behaupten. *F*

Im April 1764 kam es zum Verteidigungsbündnis zwischen Brandenburg-Preußen und Rußland. Dabei versprach ich Katharina, ihr bei der Wahl ihres Kandidaten Stanislaus Poniatowski zu helfen: Mit 20000 Mann sollten fremde Heere in Polen eindringen. Sie dagegen versprach Unterstützung, wenn Schlesien wieder angegriffen werden würde. Sie hatte sich uns, nicht Österreich zugewandt! Mehr noch, als drei Jahre später ein Krieg zwischen Österreich und Rußland drohte, verlangte ich in einem geheimen Zusatzabkommen eine Entschädigung für eventuelle Hilfe. Die Gefahr verflog, doch als die Russen ihren Kon-

Bündnispartnerin Katharina

flikt mit den Türken hatten, wollte auch Österreich sich an Polen schadlos halten. Schließlich verzichteten beide, Katharina wie Maria Theresia, auf einen Waffengang und bedienten sich dafür an polnischem Gebiet. Ich machte meinerseits Ansprüche geltend und erhielt Westpreußen, allerdings ohne Danzig und Thorn, dazu das Ermland und den

Drei Adler

Netzedistrikt. Ich hatte meinen Teil als Makler bekommen und genommen. Uns konnte man nicht mehr übergehen. Die Polen waren schon mehr als hundert Jahre früher von ihrem König Kasimir auf diese Gefahr hingewiesen worden, es sei denn, sie brächten ein starkes Königstum hervor. Statt dessen hatte jeder Adlige im Reichstag Einspruchsrecht, so daß das Land völlig unregierbar wurde. So kam es, wie Kasimir gesagt hatte: Er fürchte, daß dank ihrem Recht der freien Königswahl dereinst der Moskowiter, der Brandenburger und der Österreicher die Adelsrepublik unter sich teilen würden.

Jedenfalls verfügten wir nunmehr über ein zusammenhängendes Staatsgebiet zwischen Brandenburg und Preußen, und ich kann mich zu Recht König von Preußen nennen. Alles Gebiet zwischen Oder und Pregel, Pommern und Ostpreußen, liegt nun miteinander verbunden vorteilhaft da. Wir sind sogar Herren der Weichsel, aus der wir ansehnliche Zölle ziehen können.

Es ist eine sehr gute und sehr vorteilhafte Erwerbung, sowohl was die politische Lage des Staates als die Finanzen anbelangt. Um jedoch weniger Eifersucht zu erregen, sage ich jedem, der es hören will, daß ich bei meiner Durchreise nur Sand, Tannen, Heide und Juden gesehen habe. Allerdings legt mir dieses Stück Land auch viel Arbeit auf, denn ich glaube, Kanada ist ebenso zivilisiert wie Pommerellen: keine Ordnung, keine Einteilung. Die Städte sind in einem bejammernswerten Zustand. Culm soll zum Beispiel achthundert Häuser haben, es stehn aber nur hundert. Die Einwohner sind entweder Juden oder Mönche, und andere Städte sind noch erbärmlicher. *F*

In Westpreußen ging ich vor, wie ich es schon früher geübt hatte. Die diplomatischen Verhandlungen waren noch nicht beendet, da schickte ich gute Beamte in die westpreußische Wildnis. Sie teilten das Land in kleine Kreise auf, taxierten die Bodenflächen und führten eine gleichmäßige Steuer ein, um die bis dahin herrschende Willkür der Starosten zu beenden. In den Kreisverwaltungen wirkten nun Landrat, Gericht, Post und Sanitätspolizei. Die Kirchengemeinden fanden sich, und außerdem schickte ich 187 Schulmeister nach Osten. Für die Wirtschaft ließ ich wieder Handwerker werben, alle Gewerke waren vonnöten. Vieles mußte anbefohlen werden: was anzubauen war, welche Arbeiten in den Städten zuerst begonnen werden sollten. Der Oder-Weichsel-Kanal trug beladene Oderkähne von hundertzwanzig Fuß Länge und mit vierzig Tonnen Ladung nach Osten, ein unschätzbarer Transportweg. Er wurde in nur einem Jahr brauchbar gemacht! Die Kähne versorgten die neuen Kolonistensiedlungen mit notwendigem Material, bevor manches in eigener Regie hergestellt werden konnte. Mit der Zeit gelang es auch, die Wölfe aus dem Land zu vertreiben, entweder wurden sie gejagt und erlegt, oder sie verzogen sich in die tiefen Wälder.

Auf diplomatischem Wege, praktisch ohne Kosten, hatten wir ein Gebiet von 36000 Quadratkilometern gewonnen, in dem eine halbe Million Einwohner lebt. Ein schöner Zuwachs, Österreich jedoch hatte über 2,6 Millionen Einwohner und Steuerzahler dazugewonnen. Die polnische Adelsrepublik hatte keine andere Wahl, als der Teilung zuzustimmen, nüchtern betrachtet: ein Drittel des Landes wurde abgetrennt. Es gab noch einige Rangeleien, als unsere Truppen ihre neuen Garnisonen bezogen, aber die waren unbedeutend. Wer von den polnischen Adligen sich weigerte, mir den Treueid zu leisten, ging seiner Besitzungen verlustig, in diesen Fällen hatte ich hartes Durchgreifen angeordnet. Die Güter der Starosten, die königlichen Lehen, ließ ich in Domänen umwandeln, davon erhielt ich im Jahr mehr als eine dreiviertel Million Taler. Im großen gesehen waren Österreich und Preußen nun wieder im Gleichgewicht. Es durfte nicht mehr in Frage gestellt werden, sonst würde der erwünschte Frieden gefährdet.

Der Kaiser ist ein Mann von lebhaftem Geist und liebenswürdigem, gewinnendem Wesen. Er hat mir eine gegenseitige Verminderung der Armee vorgeschlagen, was ich so höflich wie möglich abgelehnt habe. Er ist von Ehrgeiz verzehrt. Ich kann im Augenblick noch nicht sagen, ob er es auf Venetien, Bayern oder Lothringen abgesehen hat, aber sicher ist, Europa wird in Flammen aufgehen, sobald er zur Alleinherrschaft gelangt! *Über Joseph II.*

Joseph II. hingegen, Kaiser und Mitregent der österreichischen Monarchie, dachte, wie ich annehmen mußte, auch an eine Erweiterung seines Landes nach Westen, was in diesem Teil Europas Unruhe hervorbringen mußte. Die Wittelsbacher in Bayern und auch in der Kurpfalz drohten auszusterben, Joseph liebäugelte mit ihren Gebieten und versprach dem Pfälzer für einen Verzicht auf Bayern die österreichischen Niederlande, was diesem gut gefiel, denn von Bayern hatte er nichts, und die Niederlande lagen vor seiner Tür. Als ich die vagen Versprechungen Josephs zur Kenntnis bekam, wußte ich, daß Konflikte bevorstanden, immerhin hatte schon vierzehn Jahre Frieden in Europa geherrscht, nunmehr sollten die Habsburger nicht wieder einen einseitigen Vorteil suchen, das war eigentlich gegen die Absprachen zwischen uns und auch gegen die Praxis, wie sie im Osten funktionierte.

Am Jahresende 1777 starb mit Kurfürst Maximilian III. die bayerische Linie der Wittelsbacher aus. Der Erbe war Karl Theodor von der Pfalz, und auf einen Teil des Erbes – den besseren –, auf Niederbayern, erhob Joseph Ansprüche, ähnlich auch der Sachse Friedrich August III. und der Herzog von Mecklenburg-Schwerin. Nach vierzehn Tagen schien alles erledigt: Österreichische Truppen rückten in bayerische Gebiete ein. Joseph schuf vollendete Tatsachen. Sachsen, Mecklenburg und Zweibrücken, von uns unterstützt, legten beim Reichstag Beschwerde ein, aber es half nichts. Ich wollte mich direkt mit Joseph vergleichen, auch das fruchtete nichts.

So standen meine Truppen wieder einmal in Böhmen, der größere Teil kommandiert vom Kronprinzen. Ich wollte mit der 2. Armee nach Mähren, indem ich die österreichische Armee umging, aber dazu kam es nicht, denn keine

Im Hof des Zeughauses

der beiden Seiten konnte es wagen, in einer einzigen Schlacht die Entscheidung zu suchen. So lagen sich die Heere den ganzen Sommer lauernd gegenüber. Die Einwohner sprachen vom Kartoffelkrieg, denn ein großer Teil

Die alten Kämpen

unserer Energie konzentrierte sich auf das Heranschaffen von Fourage. Es war nicht mehr die preußische Armee der Schlesischen Kriege, die in Böhmen abwartete. Die Rekruten, aus allen möglichen Ländern und Gegenden von Werbern herangeschafft, hatten keine innere Bindung an Preußen, sie wurden nur mit dem Stock unter Disziplin gehalten. Außerdem waren die Waffen seither immer wirkungsvoller geworden, so daß ein Angriff in Linie die ganze Armee vernichten konnte. Die Offiziere waren inzwischen zu alt und nicht mehr mutig genug, wie noch unter meinem früheren Kommando. Dazu kam, daß Prinz Friedrich Wilhelm am liebsten verhandeln und nicht kämpfen wollte.

So haben meine 154000 Soldaten eigentlich nicht gekämpft, aber Verluste hatte ich trotzdem. Durch Krankheit – die rote Ruhr ging um – und Desertion fielen knapp 40000 Mann aus, das war bald jeder Fünfte in meiner Armee von 180000 Mann! Gegen die Desertion fand ich kein Mittel. Ich ließ sogar das Gerücht verbreiten, daß die Österreicher Überläufer aufhängen, doch es wurde nicht recht geglaubt. Schließlich gab es in Böhmen nichts mehr zu essen. Wir mußten abziehen und überwinterten in Schlesien. Beide Seiten dachten an einen Vergleich. Frankreich wurde von Maria Theresia zum Vermittler angerufen, was mir ebenfalls recht sein konnte, wenn ich auch verlangte, Rußland hinzuzuziehen. Im großen und ganzen blieb alles, wie es war. Der Habsburger räumte Bayern, das Inntal verblieb ihm, Sachsen erhielt einen Finanzausgleich. Wir hatten nichts verlangt und bekamen auch keinen Vorteil, aber wichtiger als Land war mir das Ansehen, das ich gewann, und die Einhaltung des Gleichgewichtes zwischen Österreich und Preußen.

Die kleineren Reichsfürsten hatten gesehen, wie leicht man in einen Konflikt hineingeraten kann, und es war nun mein Bestreben, sie in einem Reichsbund um mich zu scharen. Das war um so notwendiger, als bald nach dem Frieden von Teschen, der den Kartoffelkrieg beendet hatte, Maria Theresia starb und Joseph II. engere Beziehungen zu Rußland zu knüpfen begann. Sie richteten sich zwar in erster Linie gegen den Türken, der beide bedrohte, aber ich spürte, daß dieses Bündnis auch mich meinen konnte. Der Habsburger hatte es nicht aufgegeben, im Reich die erste Flöte spielen zu wollen. Ähnlich wie ich dachten auch Sachsen und Hannover, und unserem Bund traten dann weitere Staaten bei. Schließlich waren wir fünfzehn, die sich den Hegemonialansprüchen Wiens widersetzten. Doch dieser Erfolg meiner Ausgleichspolitik konnte nicht darüber hinwegtäuschen, daß eine neue Zeit heranreifte und wir kein wirklich neues Rezept hatten, sie zu beherrschen. Alle versuchten, das Bestehende zu erhalten, wenn es schon nicht mehr auszubauen war, auch ich.

Mein Seismograph war die Armee. Sie war sehr teuer, und doch konnte bei aller Finanzanstrengung das bestehende System der Rekrutierung nicht mehr die notwendigen Rekruten ausheben, einfach, weil es so viele gar nicht

Seismograph

gab. Außerdem erforderten die wirtschaftlichen Arbeiten in den Provinzen jeden Mann. Um aus den Widersprüchen herauszukommen, ließ ich Kasernen bauen, in denen die Soldaten vom Volk abgetrennt lebten. Durch die Werbung, die früher für ein bestimmtes Regiment, jetzt aber allgemein für die ganze Armee eingesetzt wurde, kamen in die Truppen alle möglichen zwielichtigen Gestalten, denen die Werber im Suff ein Kreuz unter die Verpflichtung entlockt hatten und die früher von den Kommandeuren nicht genommen worden wären. Das wiederum verschärfte die Prügelei. Der gemeine Mann muß vor dem Offizier mehr Furcht haben als vor dem Feinde, sonst kann keine Ordnung sein. Leider hatte ich keine beweglichen Panduren und Kroaten in meiner Armee wie Joseph. Sie sprangen aus der Lineartaktik heraus, wirbelten in selbständiger Handlung überall herum und brachten nicht vorhersehbare Bewegung in die Entfaltung. So etwas versuchte ich auch mit den Jägern, leichter Infanterie, gestellt von Förstersöhnen, die sich von Jugend an geschickt im Gelände bewegen konnten, aber es waren zu wenige.

In Erwartung des Königs

Ich schwöre Ihnen, es ist ein Hundeleben, das außer Don Quichotte und mir kein Mensch geführt hat. All die Unruhe, all dies nicht enden wollende Durcheinander hat mich so alt gemacht, daß Sie mich kaum wiedererkennen werden. Auf der rechten Kopfseite sind meine Haare ganz grau. Meine Zähne zerbrechen und fallen aus. Mein Gesicht ist runzelig wie die Falten eines Frauenrockes, mein Rücken krumm wie ein Fiedelbogen und mein Geist traurig und niedergeschlagen wie der eines Trappisten [reformierte Zisterzienser mit strenger Observanz]. Ich teile Ihnen dies alles im voraus mit, damit Sie, falls wir uns noch in Fleisch und Bein sehen sollten, an meiner Erscheinung nicht zu sehr Anstoß nehmen!

An die Gräfin Camas

Diese Gedanken kommen mir immer wieder, wenn ich durch Schloß und Garten von Sanssouci spaziere. Meine liebsten Begleiter sind die Windspiele, treu und anspruchslos, froh, wenn ich ihnen ein Stück Fleisch zuwerfe. Sie sollen neben mir begraben werden. Eigentlich wollte ich im Winter im Neuen Palais wohnen, weil man es heizen kann. Doch ich fühle mich dort nicht wohl und gehe nur einmal im Jahr zu Familientreffen oder wenn die Repräsentation es verlangt hin. In meinem Sommerschloß bin ich am liebsten, und im Winter lebe ich im Stadtschloß Potsdam oder in Berlin.

Meine Tafelrunde ist nach dem langen Krieg nicht wieder zustande gekommen. Mit Voltaire war ich zerstritten. Es war zwar immer anregend, mit ihm zu parlieren, als Jüngling bewunderte ich ihn, und als Mann machte er auf mich wegen seiner verblüffenden Urteile Eindruck, doch nach und nach kam ich dahinter, daß er die Menschen fast ausschließlich zynisch beurteilte und auch mich von seinem Spott nicht ausnahm. Zudem war er sehr auf seinen fi-

Bildergalerie Sanssouci

Einsame
Bibliothek

nanziellen Vorteil bedacht, und ich hatte das Gefühl, er betrachtete mich als eine melkende Kuh. Mich soll man nicht betrügen. D'Argens war auch abgefahren, d'Alembert nicht wieder gekommen, ich war sehr oft allein mit meinem Vorleser, die Höflinge interessierten mich nicht, und der Hauptmann Guichard, der mir die Zeit vertrieb, war eine Art Hofnarr, an dem ich meine Launen ausließ. Er hatte mir schon im Feld Veranlassung gegeben, mich an seinen Aufschneidereien zu reiben. Wenn ich ihm bewies, daß er unrecht hatte, stand er manche Qualen aus, aber es machte ihm wohl nicht viel, denn er zog dieses unwürdige Leben einer Flucht aus meiner Umgebung vor, obwohl ich ihn einmal eine Dreck- und Schlammseele genannt habe. Damals war er immerhin schon Obrist. Beim nächstenmal kam er wieder wie neu zu mir und ließ sich wiederum gefallen, daß ich mein Unbehagen an ihm ausließ, sogar wenn andere Leute dabeistanden. Das ist nun mein Gesellschafter!

Vorbei die glücklichen Stunden geistvollen Gesprächs, es bleiben nur ein paar Briefe mit den Franzosen, in der Distanz ertrage ich ihre Kritik an der Monarchie ganz gut, sie regt mich an, und ich versuche, ein aufgeklärter Monarch zu bleiben.

Was in Potsdam gedruckt wird, geschieht unter meinen Augen, und wenn es einigen Pfaffen nicht gefällt, so verbietet man ihnen auch nicht, dergleichen Impertinenzien zu drucken.

Friedrich II., als die Bücher des französischen Philosophen de La Mettrie (1709–1751) veröffentlicht wurden, der als Ketzer verfolgt worden war und seit 1748 in Potsdam Zuflucht gefunden hatte

---

In Wirklichkeit steckt die Bitternis tief in mir.

Selbst die neuen Bücher der Franzosen, die ich früher sofort, wenn sie erschienen waren, kaufen ließ und auch sehr bald las, interessieren mich nicht mehr. Mein Bild von der Welt steht fest. Ein Urprinzip hat sie in Bewegung gesetzt, und nach seinen Gesetzen wickelt sich alles ab. Es muß eine Denkkraft sein, die in der Lage ist, alle Welten miteinander zu verbinden und zu beherrschen. Von der christlichen Religion halte ich nichts, die Idee der Offenbarung ist mir, rationell betrachtet, unerklärbar, und auf dieser unsicheren Basis kann ich mich nicht bewegen, allenfalls anerkannte ich die sittlichen Vorstellungen der ersten Christen. Folgt man ihnen und hat man auch in der Philosophie einen Halt gefunden, dann kann man Nützliches für sein Leben gewinnen, ein besserer werden, als man gewesen ist.

Der große Bayle hatte sehr recht, wenn er Gott für entbehrlich hielt, man könne auch ohne eine solche Vorstellung sittlich leben. Jeder Mensch trägt alles Erforderliche für ein sittliches Leben in seiner eigenen Natur, er hat die Quelle für ein sanftes und tugendhaftes Leben in seiner Eigenliebe, er muß sie nur finden, um danach zu leben. Allerdings muß er auch angehalten werden zu erkennen, daß er nur in ihr einen wirklichen Vorteil besitzt. Dann wird er gegen andere so handeln wie gegen sich selbst, so, wie auch er behandelt zu werden wünscht. Daraus erwächst auch die Vaterlandsliebe. Spenden wir dem Vaterlande unsere Talente, gibt es uns den guten Lohn zurück. D'Alembert, dem ich meinen »Katechismus zum Gebrauch für die adlige Jugend« übersandte, um zu hören, wie er urteile, schrieb zurück, der Katechismus tauge vielleicht für die adlige Jugend, für die besitzlosen Menschen sei er wohl nicht anwendbar, es sei denn, man könne sie durch ein Gesetz zwingen, sittlich zu handeln.

Diese Franzosen wollen das ganze Volk zu besseren Menschen machen, durch Erziehung für alle, ja einige wollen sogar den Einfluß der Regierenden einschränken. Mir genügt es, wenn der Herrscher aufgeklärt ist und aus sittlichem Gewissen handelt. Ich machte oft genug die Erfahrung, daß sehr viel Trägheit die Menschen am alten hängen läßt, daß Faulheit und Dummheit ihr tägliches Handeln bestimmen und daß man oft dareinschlagen müßte. Der Pöbel verdient keine Aufklärung, alle Bemühungen in dieser Richtung sind umsonst, die Menschen hängen gern am Aberglauben. Voltaire zählte zweitausend Menschen in Frankreich, die aufgeklärt seien, d'Alembert rechnete mit tausend in einer Million. Wie soll das Volk die Wahrheit erkennen, wenn es doch zum allergrößten Teil gar keine Zeit hat, lesen und schreiben zu lernen? Hier muß man die Rechte der Geburt respektieren, sonst könnten alle Regierungen Europas abtreten und die Regierungsformen müßten umgestaltet werden!

So bleibt mir, meine Pflicht zu erfüllen, solange ich es kann, und dafür zu sorgen, daß nicht blinder Eifer jungen Menschen schadet, wie der schönen Hofdame, die ein Kind trug. Über die fielen sie her, als ob der Hof ein Nonnenkloster wäre, und selbst dort kommt so etwas vor. Solche zärtlichen Gemüter sind mir weitaus lieber als die Keuschheitsdrachen, die ihre Schwestern zerfleischen und boshaft sind. Soll sie doch ihr Kind erziehen, und ihre Familie soll man

Wieder in Sanssouci

nicht entehren und ihren Ruf schonen soweit als möglich. Ein strenger Tagesablauf ist das Gesetz meiner Arbeit, ein strenger Jahresablauf folgt daraus. Nach den Empfängen in Berlin, zu Weihnachten und zum Jahresanfang, fahre ich zu meinem Geburtstag wieder nach Potsdam zurück, nichts schlimmer als die Hudeleien. Wenn das Wetter offen ist, ziehe ich im April nach Sanssouci, wo ich wieder auflebe, und dann beschäftige ich mich mit den Militärinspektionen. Wenn es im Mai wärmer wird, gehe ich nach Pommern und Westpreußen, um die Fortschritte zu beobachten. Magdeburg, Schlesien, danach der Haushalt, und dann ist das Jahr wieder herum. Nie versäume ich ein Manöver. Allerdings muß ich oft den Wagen nehmen, die böse Gicht mit manchmal schier unerträglichen Schmerzen verbietet mir das Reiten, aber ich versuche es immer wieder.

Im Sattel war ich gern in die Stadt gekommen, man grüßte mich, ich zog den Hut vor den Bürgern, die Straßenbuben schrien mir ihr Lebehoch zu, und wenn sie den Gaul neckten, schimpfte ich und drohte mit dem Krückstock. Doch als ich sie einmal in die Schule schicken wollte, hörte

Der alte Fritz

ich, wie jemand rief: »Der will König sein und weiß nicht, daß am Mittwoch nachmittag keine Schule ist!« Ein König sollte alles wissen. Nun erlaubt mir der Schmerz, mal das Podagra, mal ein Hüftweh und ein andermal das eintägige Fieber, nichts mehr, als auf den Tod zu warten. Im vorigen August nahm ich noch die Revue in Schlesien ab, dazu bin ich noch einmal in den Sattel gestiegen, hatte die sechs lan-

Die letzte Parade

gen Stunden bei einem kalten Regen ausgehalten und war mit einer Erkältung davongekommen.

Lebe er wohl, er sieht mich nicht wieder. Ich werde Ihnen sagen, wie es nach meinem Tode gehen wird. Es wird ein lustiges Leben bei Hofe werden. Mein Neffe wird den Schatz verschwenden, die Armee ausarten lassen. Die Weiber werden regieren, und der Staat wird zugrunde gehen. Dann trete er auf und sage dem König: »Das geht nicht. Der Schatz ist dem Lande, nicht Ihnen!« Und wenn mein Neffe dann auffährt, sage er ihm: »Der alte König hat es so befohlen!« Vielleicht hilft das. Hört er?

An Anton von Heynitz, Etatsminister

Im Herbst zeigte sich wieder stärker die Wassersucht, das kenne ich von meinem Vater, aber ich beachtete sie nicht sehr. Wie jeden Tag bisher ging ich auch weiterhin des Morgens in das Kabinett, las die Gesuche und schrieb meine Entscheidungen an den Rand: Da waren die Folgen der Sturmflut an der Ostseeküste zu beseitigen, an die Betroffenen Unterstützung bereitzustellen. Wegen der schwachen Ernte mußte Getreide gekauft werden und dergleichen mehr.

Im Januar starb der alte Zieten. Zu Lebzeiten war er immer vorn gewesen, hatte die Vorhut kommandiert. So, wie

Pflichterfüllung

ich immer die Hauptarmee kommandierte, werde ich ihm auch jetzt nachfolgen. Als im April die ersten Strahlen der Frühlingssonne hervorkamen und die Erde wärmten, ließ ich mich auf die grüne Treppe des Potsdamer Schlosses, wo ich den Winter über gewohnt hatte, bringen und sah der Sonne entgegen. Dann zog ich hinaus in mein geliebtes Sommerhaus. Ich versuchte sogar ein paarmal, durch den Garten zu reiten, doch es war eine Qual für mich, auch für mein treues Pferd Condé. Die Ärzte kommen jeden Tag, allerdings kennen sie kein Mittel gegen meine schmerzende Hinfälligkeit. Jemand schlug vor, den berühmten Zimmermann aus Hannover hinzuzuziehen. Ein angenehmer Plauderer, ein verständiger Mensch, aber als Arzt auch hilflos.

Gutwillig und ohne Betrübnis gebe ich den Lebenshauch, der mich beseelt, der gütigen Natur, die ihn mir verliehen hat, zurück und meinen Körper den Elementen, woraus er besteht.

Ich habe als Philosoph gelebt und will auch als solcher begraben werden, ohne Prunk, ohne Pracht, ohne Pomp. Ich mag weder geöffnet noch einbalsamiert werden.

Man setze mich in Sanssouci oben auf den Terrassen in eine Gruft, die ich mir habe bereiten lassen. Sollte ich im Kriege oder auf der Reise sterben, so begrabe man mich an dem ersten, dem besten Orte und lasse mich hernach zur Winterszeit nach Sanssouci an den bezeichneten Ort bringen. *Aus dem Testament vom 8. Januar 1769*

So sitze ich Tag und Nacht in einem bequemen Stuhl, denn liegen kann ich überhaupt nicht mehr. Eine der wenigen Unterbrechungen war der Besuch des Herzogs von Kurland. Wir unterhielten uns, und ich bot mich ihm an, wenn er einen Nachtwächter brauche, solle er mich engagieren, ich könne vortrefflich ohne Schlaf auskommen.

Der Berg ist überschritten. Jetzt wird's besser gehen.

17. 8. 1786

Urteile, Bekenntnisse und Erinnerungen

Charakter und Lebensweise

Der König lebt stets zurückgezogen in Potsdam oder Sanssouci und teilt sich nur wenigen Erwählten mit, die man als Staatsgefangene betrachten kann, denn sie haben keinerlei Verkehr mit dem übrigen Hof und der Stadt. Sonst macht er alles selbst. Das Staatsgeheimnis ist undurchdringlich und wird es sein, solange er lebt. Seine beiden Kabinettsminister [Karl Wilhelm Graf Finck von] Finckenstein [(1714–1800), Jugendfreund Friedrichs, seit 1735 im diplomatischen Dienst, wurde 1749 Kabinettsminister] und [Ewald Friedrich Graf von] Hertzberg [(1725–1795), wurde 1752 Mitglied der Berliner Akademie, schloß 1763 den Frieden zu Hubertusburg und wurde danach Zweiter Staats- und Kabinettsminister] haben nur das Amt von Expedienten. Alle Mitteilungen, die ihnen gemacht werden, nehmen sie bloß *ad referendum* [Aktenvermerk zum Bericht] und erteilen die Antwort stets so, wie sie vom König kommt. Infolgedessen ist mit ihnen nicht viel zu verhandeln.

Die Zeiteinteilung ist streng geregelt. Er steht gewöhnlich um 6 Uhr früh auf, spielt eine halbe Stunde auf und ab gehend die Flöte, während er auf den Kaffee wartet. Dann kleidet er sich an und arbeitet bis 11 Uhr in seinem Kabinett. Hierauf wohnt er der Wachtparade bei, gibt die Parole aus, und nach der Rückkehr ins Schloß spielt er wieder die Flöte bis zum Mittagessen. Während der Mahlzeit ist er insgemein ziemlich heiter. Nach ihr ruht er eine halbe Stunde auf einem Sofa. Seit [Jean Le Rond] d'Alemberts [(1717–1783), französischer Philosoph, Mathematiker und Physiker, Mitglied der Berliner Akademie] Abreise sind der [Jean Baptiste de Boyer Marquis] d'Argens [(1704–1771), französischer Schriftsteller; Friedrich rief ihn 1744 nach Potsdam und ernannte ihn zum Kammerherrn und Akademiedirektor] und sein Vorleser [Heinrich Alexander] de Catt die einzigen, die bei ihm bleiben. Hierauf arbeitet er oder geht bis 7 Uhr abends spazieren. Dann beginnt das Konzert, bei dem der König selbst spielt und niemand zugegen zu sein wagt als die Musiker und die nächsten Freunde. Um 9 Uhr soupiert er. Das soll Tag für Tag seine Lebensführung sein, seit er aus dem Felde zurückgekehrt ist.

Seine Staatskunst scheint gegenwärtig drei Hauptziele zu verfolgen, nämlich seine Provinzen wieder auf ihren Vorkriegsstand zu bringen, seine Armee gut im Stande zu halten, so daß sie zu allem, was er etwa unternehmen will, schlagfertig ist, und drittens die Wiederherstellung seiner Finanzen. Darin geht er so weit, daß ein Bürger, der ähnlich verführe wie der König, als Geizhals verschrien und die von ihm angewandten Mittel als unredlich bezeichnet würden.

Seine herrschende Leidenschaft ist zweifellos die Ruhmbegierde. Unzufrieden mit dem Ruhm, den er durch seine eigenen Talente und sein Kriegsglück erlangt hat, ahmt er alles nach, was seinen Ruhm nach seiner Meinung vermehren kann. So erbaut er nach dem Vorbilde von Ludwig XIV. und von Versailles ein Schloß [das Neue Palais], das, wie sein Neffe sagt, noch größer wird als das Königliche Schloß in Berlin. Gegenwärtig läßt er an einem prächtigen goldenen Tafelgeschirr arbeiten, wahrscheinlich um die bevorstehende Hochzeit des Prinzen von Preußen [der spätere Friedrich Wilhelm II. (1744–1797) war seit dem Tod seines Vaters August Wilhelm (1722–1758), des ältesten Bruders des kinderlosen Friedrich II., Kronprinz] mit noch größerem Glanze begehen zu können, als bei der Hochzeit des Erzherzogs Joseph [von Österreich] entwickelt ward. Wie Julius Cäsar beschreibt er sein eigenes Leben und seine Feldzüge. Karl XII. [(1682–1718), seit 1697 König von Schweden] übertrumpft er durch seine Nachlässigkeit in der Kleidung, die bis zur Unsauberkeit geht, und wie dieser, möchte man sagen, hat er auf den Gebrauch der Wagen verzichtet, denn er macht alle seine Reisen zu Pferde und läuft bisweilen zu Fuß wie ein Jüngling.

Er ist eifersüchtig auf seinen Feldherrnruhm bis zur Ungerechtigkeit, denn mir selbst hat er gesagt, Zieten hätte in der Schlacht von Torgau seine Sache schlecht gemacht, obwohl der Gewinn dieser Schlacht entschieden diesem General zuzuschreiben ist.

Sein Charakter ist Mißtrauen und Verstellung. Er ist beständig auf der Hut und achtet auf das Geringste, was seine Nachbarn tun. Somit wird er sicherlich keine Gelegenheit verabsäumen, um aus ihren etwaigen Fehlern Nutzen zu ziehen. Er ist großmütig und bestechend in Worten, höflich und huldvoll gegen die, welche er nötig hat, aber hart und unerbittlich, wenn sein Interesse im Spiel ist. Die Religion ist nach wie vor eine Spielerei, tatsächlich ist er ganz irreligiös. Das bezeugen die Schriften, mit denen das Publikum von Potsdam aus überschwemmt wird. Indes beschützt er die Protestanten soweit als nötig, um seine Nachbarn in Abhängigkeit zu halten und einen großen Teil des Reiches in sein Interesse zu ziehen.

Unbegreiflich erscheint die allgemeine Unzufriedenheit, die in allen seinen Ländern zutage tritt. Adel und Offiziere drücken sich zwar schonend aus, aber das Volk und die Soldaten schimpfen auf die Regierung so frei und offen, wie man es in London kaum dulden würde, und doch ist jedermann für die Person des Königs begeistert. Persönlich gehaßt wird er nach meiner Meinung nur von einem Teil seiner Familie, und selbst da weiß man sich so gut zu verstellen, daß öffentlich nichts davon zu merken ist.

Beobachtungen des österreichischen Gesandten Freiherr von Ried (1763)

Grundsätze und Erkenntnisse des aufgeklärten Kronprinzen, ein Jahr vor seinem Regierungsantritt

Aus dem »Antimachiavell«

Beweggründe menschlichen Handelns

Zwei wichtige Gründe für ihr Handeln bewegen die Menschen: Die Furcht vor Strafe und die Hoffnung auf Belohnung. Will man sie lenken, muß man verhindern, daß sie sich außerhalb der Gesetze der Gesellschaft stellen, in der sie leben, und dazu muß man sie die Strenge der Justiz fürchten lassen, muß sie zu Handlungen anregen und ermutigen, die löblich sind und Glück verheißen.

Die nützlichsten Tugenden, die die Bürger besitzen können, sind Menschlichkeit, Gerechtigkeit, Tapferkeit, Wachsamkeit und Arbeitsliebe. Sie zusammen machen für den Zivilstand und das Militär die nützlichen Menschen. Sie sind jene Eigenschaften, die es zu belohnen gilt.

Jeder Staat, in dem die Tugend vorherrscht, wird auf die Dauer über die anderen obsiegen. In ihm werden edle Taten in größerer Zahl als in allen Nachbarstaaten vollbracht, und die Zahl der bedeutenden Männer wird folglich über denjenigen der anderen Völker liegen.

Stärke des Staates

Die Stärke eines Staates beruht durchaus nicht auf dem Ausmaß an Land, auch nicht auf dem Besitz an riesigem Ödland oder unermeßlicher Wüste, sondern auf dem Wohlstand der Bevölkerung und seiner Zahl. Das Interesse eines Fürsten sollte also darin bestehen, ein Land volkreich und blühend zu machen, und nicht, es zu verwüsten und zu zerstören.

Aufrichtigkeit und List

Man darf es mit der List und Schläue aber auch nicht übertreiben. Mit ihnen ist es wie mit den Gewürzen, deren zu häufige Anwendung bei den Ragouts den Geschmack abstumpft und ihnen am Ende jenen Reiz nimmt, den ein an sie gewöhnter Gaumen schließlich gar nicht mehr empfindet.

Redlichkeit hingegen bewährt sich immer. Sie ähnelt jenen einfachen und natürlichen Speisen, die allen Charakteren zusagen und den Körper kräftigen, ohne ihn in Aufregung zu versetzen.

Gleichgewicht

Die Ruhe in Europa gründet sich hauptsächlich auf die Erhaltung jenes vernünftigen Gleichgewichts, durch das die Überlegenheit einer Monarchie durch die vereinigten Kräfte mehrerer anderer Mächte ausgeglichen wird. Käme dieses Gleichgewicht ins Wanken, wäre zu fürchten, daß ein allgemeiner Umsturz eintreten würde und sich über dem Zusammenbruch der Fürsten, die durch ihre Uneinigkeit allzusehr geschwächt wären, eine neue Monarchie erhöbe.

Freiheit

Kein Gefühl gehört so unzertrennlich zu unserem Wesen wie das der Freiheit. Vom Höchstgesitteten bis zum Barbaren tiefsten Tiefstandes sind alle Menschen gleichermaßen davon durchdrungen. Geboren ohne Ketten, wollen wir auch leben ohne Zwang, wollen wir nur auf uns selber stehn, ohne uns fremden Launen zu unterwerfen.

Freiheit, Krieg und Frieden

Es gibt Umstände, unter denen die Freiheit der Völker, die man ungerechterweise zu unterdrücken trachtet, mit Waffen verteidigt werden muß, unter denen es nötig ist, mit Gewalt das zu erreichen, was Ungerechtigkeit gütigem Verhalten verweigert, und unter denen Fürsten die gerechte Sache ihres Volkes dem Glück auf den Schlachtfeldern unterstellen müssen. In einem dieser Fälle bewahrheitet sich das Paradoxon, daß nämlich ein guter Krieg einen guten Frieden bringt und festigt.

Gerechter und ungerechter Krieg

Der Anlaß zu einem Krieg macht ihn zu einer gerechten oder ungerechten Sache. Die Leidenschaften und der Ehrgeiz der Fürsten trüben ihnen manchmal den Blick und lassen ihnen die gewalttätigsten Unternehmungen in vorteilhaftem Licht erscheinen. Der Krieg ist eine äußerste Zuflucht, deshalb soll man sich seiner nur mit Vorsicht und in verzweifelten Lagen bedienen und genau prüfen, ob einen eine von Hochmut getragene Illusion oder ein handfester und unausweichlicher Grund dazu veranlaßt hat.

Es gibt Kriege aus Verteidigungsgründen, und diese sind unbestritten die gerechtesten.

Es gibt Kriege, die Könige zu führen gezwungen sind, wenn man ihnen bestimmte Rechte streitig macht. Sie führen eine Art Rechtsstreit, mit Waffen in der Hand, und der Kampf entscheidet über die Geltung der Rechtsgründe.

Es gibt Kriege aus Vorsicht, die die Fürsten klugerweise unternehmen. Sie sind zwar Angriffskriege, sind darum aber nicht weniger gerecht.

Wenn eine ins Maßlose gesteigerte Macht drauf und dran zu sein scheint, über ihre Ufer zu treten, und die ganze Welt zu verschlingen droht, gebietet die Vorsicht, ihr Deiche entgegenzusetzen und den stürmischen Lauf eines reißenden Stromes aufzuhalten, solange man seiner noch Herr ist. Man sieht, wie Wolken sich zusammenballen, sieht ein Gewitter sich zusammenziehen und die Blitze sich ankündigen. Und derjenige Fürst, dem diese Gefahr droht, wird sich, da er allein den Sturm nicht beschwören kann, wenn er klug ist, mit all denen vereinen, bei denen die gleiche Gefahr gleiche Interessen weckt.

Ein sicherer Grundsatz sagt, es sei besser, zuvorzukommen, als zuvorgekommen zu werden. Den großen Männern ist es immer besser bekommen, wenn sie sich ihrer Kräfte bedienten, ehe ihre Feinde Vorkehrungen getroffen hatten, die geeignet waren, ihnen die Hände zu binden und ihre Macht zu zertrümmern.

Kriegsfolgen

Ich bin überzeugt, daß die Monarchen, sähen sie im Bild vor sich wahr und getreu das Elend, in das allein eine Kriegserklärung die Völker stürzt, dem Krieg gegenüber nicht fühllos blieben. Ihre Einbildungskraft reicht nicht aus, um sich wahrheitsgetreu die Leiden vorzustellen, die sie selbst nie erfahren haben und vor denen ihr Stand sie schützt. Wie können sie sich die Abgaben vorstellen, die die Völker drücken, den Verlust an jungen Leuten, der die Rekrutierung in einem Land mit sich bringt, die ansteckenden Krankheiten, die sich in den Armeen verheerend auswirken, den Schrecken der Schlachten und die noch mörderischeren Belagerungen, den Jammer der Verwundeten, die das feindliche Schwert einiger ihrer Gliedmaßen, der einzigen Mittel, die ihren Gewerbefleiß und ihren Lebensunterhalt ermöglichen, beraubt hat, den Schmerz der Waisen, die durch den Tod ihres Vaters die einzige Stütze ihrer Schwachheit verloren haben, den Verlust so vieler für den Staat nützlicher Menschen, die der Tod vor der Zeit hinweggerafft?

Die Fürsten, die ihre Untertanen als ihre Sklaven betrachten, setzen sie ohne Erbarmen allen Gefahren aus und sehen ohne Bedauern, wie sie zugrunde gehen. Die Fürsten aber, die die Menschen als ihresgleichen ansehen und das Volk als den Körper, dessen Seele sie sind, gehen sparsam mit dem Blut ihrer Untertanen um.

Schlachten, Schlachten ...
Taktisches und Zufälliges im Kaleidoskop

Ansprache des Königs an seine Generäle vor der Schlacht von Leuthen am 5. 12. 1757

Meine Herren, es ist Ihnen bekannt, daß es dem Prinzen Karl von Lothringen gelungen ist, Schweidnitz zu erobern, den Herzog von Bevern zu schlagen und sich zum Meister von Breslau zu machen, während ich gezwungen war, den Fortschritten der Franzosen und Reichsvölker Einhalt zu tun. Meine Widerwärtigkeiten würden aufs höchste gestiegen sein, setzte ich nicht unbegrenztes Vertrauen in Ihren Mut, Ihre Standhaftigkeit und Ihre Vaterlandsliebe. Wir haben Schlesien verloren und müssen es wiederhaben. Lassen Sie es sich also gesagt sein: Ich werde den Feind angreifen, wie oder wo er auch stehe, sei's auch auf den Türmen von Breslau oder auf dem Zobtenberge. Ich muß diesen Schritt wagen, oder es ist alles verloren. Wir müssen den Feind schlagen oder uns alle vor seinen Batterien begraben lassen. So denke ich, so werde ich handeln. Das gleiche erwarte und fordere ich von Ihnen. Ist einer unter Ihnen, der nicht bereit ist, alle Gefahren mit mir zu teilen, der kann noch heute seinen Abschied erhalten, ohne den geringsten Vorwurf zu leiden. [Es meldete sich keiner.] Ich wußt es wohl, daß keiner von Ihnen mich verlassen würde.

Ich baue auf Ihre Hilfe, und ich rechne auf den Sieg. Sollte ich fallen und Sie für Ihre mir geleisteten Dienste nicht mehr belohnen können, so muß es das Vaterland tun. Und nun, Messieurs, ins Lager. Wiederholen Sie Ihren Regimentern, was Sie von mir gehört haben. Machen Sie meinen Entschluß allen Offizieren bekannt. Bereiten Sie den gemeinen Mann zu den Auftritten vor, welche kommen werden. Sprechen Sie ihm von der Belohnung, die für treue Pflichterfüllung seiner wartet, aber verschweigen Sie ihm auch die Strafe nicht, die ich über Pflichtvergessene verhängen werde. Das Regiment Kavallerie, welches nicht gleich, wenn es befohlen wird, sich unaufhaltsam auf den Feind stürzt, lasse ich gleich nach der Schlacht absitzen und mache es zu einem Garnisonregiment. Das Bataillon Infanterie, das, es treffe, warauf es wolle, nur zu stocken anfängt, verliert die Fahnen und den Säbel, und ich lasse ihm die Borten von der Montierung abschneiden. Nun leben Sie wohl, meine Herren, in kurzem haben wir den Feind geschlagen, oder wir sehen uns nie wieder.

Über Leuthen

Diese Schlacht ist ein Meisterwerk der Bewegungen, des Manövers und der Entschlossenheit. Sie allein würde genügen, um Friedrich unsterblich zu machen und ihm einen Rang unter den größten Feldherrn zuzuweisen.

Napoleon

Über die schräge Schlachtordnung

Man versagt dem Feind einen Flügel und verstärkt den anderen, der zum Angriff bestimmt ist. Dieser greift einen Flügel des Feindes mit aller Kraft an, und zwar in der Flanke. *F*

Rat für Generäle

Noch hat kein Mensch gelebt, dem alle Pläne geglückt wären. Faßt Ihr jedoch nur kleine Pläne, so werdet Ihr stets nur ein mittelmäßiger Mensch sein. Gelingen Euch aber von zehn großen Unternehmungen, die Ihr plant, nur zwei, so macht Ihr Euren Namen unsterblich.

Rat für Kavalleristen

Es verbietet der König hierdurch allen Officieren von der Cavallerie bei infamer Cassation [schimpfliche Amtsenthebung], sich ihre Tage in keiner Action vom Feinde attaquiren [angreifen] zu lassen, sondern die Preußen sollen allemal den Feind attaquiren.

Rat für Infanteristen

Bataillen gehören dazu, um zu dezidieren [endgültig entscheiden]. Los auf den Feind, ihm auf zwanzig, auf zehn Schritte eine starke Salve in die Nase zu geben und darauf sofort demselben mit den Bajonetten in den Rippen sitzen.

Rat für Spionage

Hat man in Feindesland gar kein andres Mittel, sich Nachrichten vom Gegner zu verschaffen, so bleibt nur noch eins übrig, das man ergreifen kann, obschon es hart und grausam ist. Man nimmt einen bemittelten Bürger, der Haus und Hof und Frau und Kinder hat, und gibt ihm einen gescheiten Menschen bei, den man als Knecht verkleidet, der aber die Landessprache verstehen muß. Der Bürger muß ihn als Kutscher mitnehmen und sich ins feindliche Lager begeben, unter dem Vorwande, sich über die erlittene Unbill zu beschweren. Zugleich bedroht man ihn: Wenn er Euren Mann nach genügendem Aufenthalte im feindlichen Lager nicht zurückbringt, werde man seine Frau und Kinder niederhauen und sein Haus plündern und anstecken. Dies Mittel habe ich anwenden müssen, als wir im Lager bei Chlum standen, und ich hatte Erfolg damit. Hinzugefügt sei noch, daß man die Spione freigebig, ja verschwenderisch bezahlen muß. Ein Mensch, der den Strick wagt, um Euch zu dienen, verdient schon, dafür belohnt zu werden.

Gegen mangelnde Kampfbereitschaft der Soldaten

Weil ich auch gesehen, daß die Burschen aus Bärenhäuterei, wenn sie eine Weile im Feuer gewesen, vorgeben, sie haben sich verschossen [sie hätten keine Patronen mehr], so soll den Burschen angesaget werden, daß der erste, so in der Bataille Patronen wegschmeißen wird, mit 36mal Spießrutenlaufen gleich darauf gestrafet werden soll, und wenn die Patronenwagen kommen und die Burschen keine nehmen wollen, so soll derjenige, welcher davon überführet wird, sogleich bei dem Regimente arkebusiert [erschossen] werden, der Kerl habe sechs Fuß oder sechs Zoll.

(1759)

Offiziersheirat

Mein lieber Generalmajor von Bronikowski, ich gebe Euch auf Eure Vorstellung vom 12. dieses, wegen der Versorgung Eurer Schwester durch eine Heirat mit dem Cornett von Zmiewsky in Antwort, daß die Husaren nicht durch die Scheide, sondern durch den Säbel ihr Glück machen müssen. Ich bin Euer wohlaffektionierter König

Friedrich.

Übergriffe

Überhaupt muß gar kein Chef oder Kommandeur einer Garnison sich unterstehen, einen Bürger arretieren zu lassen, sondern sie müssen schlechterdings beim Magistrat klagen. Sollte ein Offizier, wer es auch sei, sich so weit vergessen, einen Bürger mit Schimpfreden oder Schlägen traktieren zu wollen, soll derselbe sofort in Arrest gesetzt und über denselben Kriegsgericht gehalten, auch er dafür abgestraft werden. Das ist mein expressiver Wille.

Wenn der Krieg im neutralen Land geführt wird, so kommt es darauf an, wer von beiden die Freundschaft und das Vertrauen der Landeseinwohner gewinnen kann. Ist solches protestantisch, so spielet man die Rolle eines Beschützers der lutherischen Religion, ist das Land katholisch, so spricht man von nichts als Toleranz.

Aus den »Generalprinzipien vom Kriege« (1746)

Ich kann wohl sagen, mein Lebtag nichts Superberes gesehen zu haben. Sie marschierten mit der größten Contenance und so nach der Schnur, als ob es auf dem Paradeplatz wäre. Das blanke Gewehr machte in der Sonne den schönsten Effekt, und ihr Feuer ging nicht anders als ein stetiges Donnergrollen.

Ein österreichischer Offizier
nach der Schlacht von Mollwitz

Man weiß aus Erfahrung, daß die Tüchtigkeit der Truppen einzig und allein auf der der Offiziere beruht: Ein braver Oberst, ein braves Bataillon.

F

Weil S. Königliche Majestät ein nobles und respectables Corps Officiere bei der Armee haben wollen, so müssen sämtliche Officiere zu einer sehr guten Conduite angehalten werden, keine niederträchtigen Streiche ausüben und von dem Commandeur geduldet werden, als Schulden machen und nicht bezahlen, sich dem Soffe ergeben und eine schlechte Conduite führen, liederliche Häuser und Cafés frequentieren und dergleichen mehr, so einem Officiere ungeziemend sind. Den Officieren muß nicht gestattet werden, mit gemeinen Leuten und Bürgern umzugehen, sondern sie müssen ihren Umgang immer mit höheren Officieren und ihren Cameraden, so sich gut conduisiren und Ambition besitzen, haben.

Aus dem Offiziersreglement

Wenn alle meine Hilfsquellen und Unterhandlungen versagen, so ziehe ich es vor, unterzugehen mit Ehre, als ein ruhmloses, des Ansehens beraubtes Leben zu führen. Mein Ehrgeiz ist, daß ich mehr als ein anderer zur Vergrößerung meines Hauses getan, unter den gekrönten Häuptern von Europa eine große Rolle gespielt habe. Mich dabei zu erhalten ist gleichsam eine persönliche Pflicht, die ich erfüllen will auf Kosten meines Glückes und meines Lebens. Ich habe den Rubikon überschritten: Ich will meine Macht behaupten, oder sie mag zugrunde gehen und der preußische Name mit mir begraben werden. Unternimmt der Feind etwas gegen uns, so werden wir ihn besiegen, oder wir werden uns alle niedermetzeln lassen zum Heile des Vaterlandes und zum Ruhme von Brandenburg. Es würde vergeblich sein, mir einen anderen Rat geben zu wollen. Welcher Schiffskapitän, nachdem alle Versuche, sich zu retten, vergeblich gewesen sind, hätte nicht den Mut, die Pulverkammer in Brand zu stecken, um den Feind wenigstens noch so in seiner Erwartung zu täuschen? Eine Frau, die Königin von Ungarn [Maria Theresia], ist nicht verzweifelt, als die Feinde vor Wien, ihre besten Provinzen besetzt waren. Sollten wir nicht den Mut dieser Frau haben? Noch haben wir keine Schlacht verloren, noch kann ein glücklicher Erfolg uns höher heben, als wir je gestanden ...

Ich weiß, daß ich ein großes Spiel spiele, ich werde mich so wenig schonen wie der geringste Soldat, um zu siegen oder zu fallen. Eine Schlacht ist unter allen möglichen Dingen das einzige, was mir ansteht.

Gegen Ende des böhmischen Feldzugs
im Zweiten Schlesischen Krieg

Preußen ist von mächtigen Nachbarn, darunter einem unversöhnlichen Feind, dem Haus Österreich, umstellt. Diese Tatsache muß euch auf häufige Kriege gefaßt sein lassen. Daraus folgt, daß das Militär der erste Stand im Königreich sein muß, so wie er das bei den Römern war, als diese Welteroberer sich in der Periode ihres Aufstiegs befanden, und in Schweden, als Gustav Adolf, Karl X. und Karl XII. die Welt mit ihrem Ruhm erfüllten und den schwedischen Namen bis in die fernsten Gegenden erklingen ließen. Ämter, Ehrungen, Belohnungen, hin und wieder gegeben, wecken und ermuntern die Talente. Das dem Verdienst gespendete Lob fördert im Herzen der Adligen jenes edelmütige Bestreben, das Waffenhandwerk zu erlernen und Kenntnisse zu erwerben, die sie zu Ansehen und Glück kommen lassen. Die Offiziere geringschätzen und von ihnen fordern, sie sollten in Ehren dienen, heißt sich widersprechen …

Ich habe selbst Kriege geführt und habe erlebt, wie Obristen manchmal über das Schicksal des Staates entschieden haben. Man kann gar keinen Krieg führen, ohne daß es dabei zu Aktionen käme, die das Geschick der Reiche bestimmen … Besonders an solchen wichtigen und entscheidenden Tagen spürt man den Wert guter Offiziere. Dann beginnt man sie zu schätzen, wenn man sieht, wie sie, mutig den Tod verachtend und unerschütterlich durchhaltend, die Feinde zur Flucht und mit dem Sieg zum Verlassen des Schlachtfeldes zwingen. Es ist aber nicht genug, sie in dem Augenblick, wo man ihrer bedarf und wo ihre Taten einem Beifall abnötigen, wertzuschätzen. Sie müssen auch in Friedenszeiten das Ansehen genießen, das sie rechtmäßig erworben haben, und Männer, die ihr Leben einzig für die Ehre und die Erhaltung des Staates hingegeben haben, müssen durch Ehrungen gewürdigt werden.

In den monarchischen Staaten schaut jedermann auf den Herrscher. Die Öffentlichkeit verfolgt seine Neigungen und scheint bereit, die Anregungen, die er ihr vermittelt, aufzunehmen … In diesem Reich muß der Herrscher das sein, was für das Wohl des Staates am nützlichsten ist, folglich muß er sich an die Spitze des Heeres stellen: so verleiht er diesem Beruf Gewicht und erhält die vortreffliche Disziplin und Ordnung, die unseren Truppen eigen sind … Schließlich wage ich zu behaupten, daß allein der Souverän jene bewundernswerte Disziplin in eine Armee hineinzutragen und darin zu erhalten vermag, weil es immer wieder nötig ist, Autorität zu zeigen, die einen ohne Ansehen des Standes und Ranges streng zu tadeln, die andern freigiebig zu belohnen und sooft wie nur möglich die Truppen zu inspizieren und nicht das geringste Versäumnis durchgehen zu lassen. So ist es also unumgängliche

Notwendigkeit, daß ein König von Preußen sich dem Soldatenstand zugehörig fühlt und oberster Feldherr ist ...

In unserem Staat ist es allerdings ehrenvoll, gemeinsam mit den Besten des Adels und der Elite der Nation für die Festigung jener Disziplin zu wirken, die den Ruhm des Vaterlandes ausmacht, indem sie ihm in Friedenszeiten Achtung verschafft und im Krieg den Sieg bringt. Es müßte einer schon sehr niedrig geboren, müßte in Faulheit versunken und durch Ausschweifungen völlig entkräftet sein, würde er die Mühen und Anstrengungen scheuen, die es kostet, wenn es die soldatische Disziplin zu erhalten gilt, und für die man doch mit Sicherheit durch Eroberungen und durch den Ruhm belohnt wird, der den Fürsten mehr zum Vorteil gereicht als der höchste Gipfel der Erhabenheit und größte Machtentfaltung.

Aus dem Politischen Testament (1752)

Soldatenlied

Malheur, Malheur! Wir sind geschlagen,
man waget es sich kaum zu sagen –
nicht weit von Kunersdorf davon.
Fridericus ließe schon verkünden
die Siegespost nach allen Winden,
da wischt daher noch der Laudon.
Ja, der Laudon! Die Russen haben
wir schön gebracht ins Laufen, Traben,
wir legten ganze Haufen tot.
Da tät der Laudon unversehen
auf einmal uns entgegenstehen –
da kriegten wir die Schockschwerenot.

Friedrich übergibt das Kommando an Finck

Der General Finck kriegt eine schwere Kommission. Die unglückliche Armee, die ich ihm übergebe, ist nicht mehr imstande, mit den Russen zu schlagen. [Andreas Reichsgraf] Hadik [von Futak (1710–1790), österreichischer Feldmarschall, besetzte im Oktober 1757 einen Tag lang Berlin, wurde als Oberbefehlshaber der Reichsarmee 1762 bei Freiberg geschlagen] wird nach Berlin eilen, vielleicht Laudon auch. Geht der General Finck diesen beiden nach, so kommen die Russen ihm in den Rücken. Bleibt er an der Oder stehen, so kriegt er den Hadik diesseits. Indessen, ich glaube, daß, wenn Laudon nach Berlin wollte, solchen könnte er unterwegs attackieren und schlagen. Solches, wo es geht, gibt dem Unglück einen Anstand und hält die Sachen auf, Zeit gewonnen ist sehr viel bei diesen desparaten Umständen.

Man hat gut reden, daß der König von Preußen schon halb zugrunde gerichtet ist, daß seine Truppen nicht mehr dieselben sind, daß er keine Generäle hat. All das kann wahr sein, aber sein Geist, der alles belebt, bleibt immer derselbe, und unglücklicherweise bleibt der Geist bei uns auch immer derselbe.

Ein französischer Offizier

Zu den Operationen 1760 in Schlesien

Ein Fremder, der den Marsch dieser verschiedenen Heere beobachtet hätte, würde sich leicht geirrt und geglaubt haben, daß alle einem und demselben Herrn gehörten. Er würde die Armee des Feldmarschalls Daun für die Vorhut, die des Königs für das Hauptkorps und die des Generals [Franz Moritz Graf von] Lacy [(1725–1801), als Generalquartiermeister Dauns leitete er die Operationen im Sommer 1758, plante die Schlacht von Hochkirch und die Gefangennahme des preußischen Korps Finck bei Maxen (20. 11. 1795)] für die Nachhut gehalten haben.

Aus der »Geschichte des Siebenjährigen Krieges«

Schlacht bei Roßbach

Das Feld ist mit unseren Soldaten auf vierzig Meilen in der Runde bedeckt gewesen. Sie haben geplündert, gemordet, Frauen entehrt, geraubt und alle möglichen Greuel begangen. Hätte der Feind uns lebhaft verfolgt, so würde er unsere ganze Armee vernichtet haben. Er hat es ohne Zweifel nicht gewollt, und es ist gewiß, daß der König von Preußen Befehl gegeben, unsere Leute zu schonen und die Deutschen zu zermalmen. Seine Husaren haben mehrere von unseren zurückgeschickt, nachdem sie dieselben anständig behandelt haben. Der König sagte: Ich kann mich nicht daran gewöhnen, Sie als meine Feinde zu betrachten.

General Claude Louis Herzog von Saint-Germain

Friedrich erlaubt General von Schmettau die Kapitulation von Dresden

Sollten die Österreicher etwas gegen Dresden versuchen, so werden Sie zusehen, ob Sie die Mittel haben, sich zu behaupten und, wenn diese fehlen, wird es Ihnen obliegen, daß Sie eine günstige Kapitulation zu erhalten suchen – nämlich freien Abzug mit der ganzen Besatzung, den Geldern, Magazinen, dem Hospital und allem, was wir in Dresden haben, entweder nach Berlin oder irgendwo sonsthin, um sich mit einem meiner Truppenkorps zu vereinigen.

Nach dem Verlust von Dresden

Ich muß es bekennen, wir haben eine furchtbare Welt gegen uns. Wir haben die äußersten Anstrengungen nötig, um ihr zu widerstehen, und man darf sich nicht wundern, wenn wir oft eine Schlappe erleiden. Der irrende Jude, wenn er jemals existiert hat, führte kein so irrendes Leben, wie das meinige ist. Man wird zuletzt wie die fahrenden Komödianten, die keinen Herd, keine Heimat haben. Wir ziehen durch die Welt, um unsere blutigen Tragödien aufzuführen, wo unsere Feinde uns erlauben, die Bretter aufzuschlagen. Wir argen Toren! Nur einen Augenblick haben wir zu leben, und diesen verbittern wir uns selbst. Wir gefallen uns darin, die größten Werke der Industrie und der Zeit zu vernichten und ein trauriges Andenken unserer Verwüstungen und all des Unheils zu hinterlassen, das wir angestiftet haben.

Nach dem Scheitern der Friedensverhandlungen zwischen England und Frankreich

Wir laufen große Gefahr, ohne Hilfe dem Untergang geweiht zu sein, und die innere Güte unserer Truppen nimmt zusehends ab. Sie können nur unsere Grabschrift machen.

An den Herzog von Braunschweig

Nach Schweidnitz

Meine Jugend habe ich meinem Vater und meine reifen Jahre dem Staat geopfert. Damit glaube ich das Recht erworben zu haben, mit meinem Alter nach Gutdünken zu schalten. Es gibt Menschen, die sich dem Schicksal fügen. ich gehöre nicht zu ihnen, und wenn ich für die andern gelebt habe, so will ich wenigstens für mich sterben. Was die Welt darüber sagt, ist mir höchst gleichgültig. Ich antworte Ihnen sogar, daß ich es nie erfahren werde. Brandenburg hat in der ganzen Zeit vor meiner Geburt bestanden, es wird auch nach meinem Tode weiterbestehen. Etwas mehr Torheit oder Weisheit, das sind geringe Unterschiede, daß die Gesamtheit des Volkes sie kaum verspürt. Einem unglücklichen Leben ein Ende machen, ist keine Schwäche, sondern vernünftige Politik, die uns zu Gemüte führt, daß der glücklichste Zustand für uns der ist, wo niemand uns schaden noch unsere Ruhe stören kann.

An den Marquis d'Argens

Schlacht von Torgau

Noch ehe wir den Feind ins Auge fassen konnten, fielen die Wipfel der Bäume, von den Kugeln zerschmettert, auf unsere Häupter. Der Donner der Kanonen widerhallte gräßlich durch den Wald. Die krachenden, alles betäubenden Schüsse waren gleichsam Posaunen des Todes. Und nun beim Ausgang des Waldes sahen wir unsere anrückenden Kriegsscharen, die sich wie Wasserwogen durch den Puverdampf fortschlängelten, keine siegversprechende Bühne, sondern eine Walstatt voller Toten und Verwundeten, die sich in ihrem Blute wälzten. Die Kartätschen wüteten schrecklich in unseren Reihen. Ganze Rotten wurden weggerafft. Man rückte zusammen, um die Lücken zu füllen. Alte Offiziere stürzten zu Boden, junge traten an ihre Stelle, flößten den Veteranen durch ihr Beispiel Mut ein, und so ging es immer vorwärts. Anhöhen wurden erstiegen und Batterien erobert.

Johann Wilhelm von Archenholtz (1743–1812), Historiker, nahm seit 1760 als preußischer Hauptmann am Siebenjährigen Krieg teil, den er 1793 beschrieb

Die Schlacht bei Freiberg

Ich bin glücklich, Ihnen die angenehme Nachricht schicken zu können, daß Ihre Armee heute einen beträchtlichen Vorteil über die vereinigte österreichische und Reichsarmee davongetragen hat. Ich marschierte gestern nacht, ich war bis durch Wegfurth gekommen, indem ich den Spittelwald links liegen ließ, um von dem St. Michelsberge Besitz zu nehmen, als ich auf die feindliche Armee traf. Ich machte zwei wirkliche und zwei Scheinangriffe. Der Feind leistete einen hartnäckigen Widerstand, aber die beharrliche Tapferkeit Ihrer Truppen errang den Sieg, und nach dreistündigem Kampfe mußte der Feind überall weichen ... Der Feind zieht sich auf Dresden und Dippoldiswalde zurück. Ich lasse ihm heute abend auf den Fersen folgen und werde das Resultat hören.

Prinz Heinrich an den König

Die Ankunft Ihres Briefes hat mich zwanzig Jahre jünger gemacht. Gestern war ich sechzig, heute kaum achtzehn. Sie befolgten die gute Maßregel, diejenigen anzugreifen, welche einen Angriff gegen Sie beabsichtigten, und haben durch Ihre guten und tüchtigen Anordnungen alle Schwierigkeiten einer starken Stellung und eines tapferen Widerstandes überwunden. Der Dienst, den Sie dem Staate geleistet, ist so wichtig, daß ich meine Dankbarkeit nicht genügend auszudrücken vermag und warten will, bis ich es in Person tun kann. Durch das, was Sie jetzt getan haben, wird Ihnen allein die Ehre gebühren, der österreichischen Hartnäckigkeit den letzten Stoß versetzt zu haben, welches die Folge des Friedens haben wird.

An Prinz Heinrich

Die Schlachten sind geschlagen, Schlesien ist erobert, ein grosser Aufbau beginnt

Am Ende des Siebenjährigen Krieges

Um eine Vorstellung zu gewinnen von dem allgemeinen Umsturz und wie groß die Verwüstung und Entmutigung war, muß man sich Länder denken, die vollständig verheert, in welchen selbst die Spuren der alten Wohnungen kaum zu entdecken waren, Städte, von welchen einige von Grund aus, andere zur Hälfte durch Feuer zerstört waren, 13000 Häuser, von denen jede Spur verschwunden war. Kein Feld in Saaten, kein Korn zur Ernährung der Einwohner, 60000 Pferde erforderlich, wenn die Arbeit des Pflügens besorgt werden sollte, in den Provinzen eine halbe Million Menschen weniger als 1756, das heißt von einer Bevölkerung von nur 4,5 Millionen fehlte der neunte Teil. Adel und Bauern waren von so vielen verschiedenen Armeen geplündert, ausgesogen, ausgezehrt, nichts war ihnen geblieben als das Leben und elende Lumpen. Die Kaufleute gaben keinen Kredit, selbst nicht für die notwendigsten Bedürfnisse des Lebens. Es gab keine Polizei in den Städten, die Gewohnheiten der Billigkeit und Ordnung hatten einer gemeinsamen Gier nach Gewinn und einer anarchischen Unordnung Platz gemacht. Die Justiz- und Finanzkollegien waren durch die häufigen Einfälle so vieler Feinde zur Untätigkeit gebracht. Das Schweigen der Gesetze hatte bei den Menschen einen Sinn für Zügellosigkeit geweckt. Grenzenlose Habgier war die Richtschnur ihres Handelns. Der Adel, die Kaufleute, die Grundbesitzer, die Arbeiter steigerten alle wetteifernd die Preise für ihre Waren, schienen nur um die Beförderung ihres gegenseitigen Ruins bemüht. Das war am Ende des Krieges das verhängnisvolle Schauspiel, welches diese einst so blühenden Provinzen darboten.

Besuch in Fehrbellin

Friedrich: Wer seid Ihr?

Fromme: Eure Majestät, ich bin der Beamte hier von Fehrbellin.

Friedrich: Wie heißt Ihr?

Fromme: Fromme.

Friedrich: Haha! Ihr seid ein Sohn von dem Landrat Fromme?

Fromme: Eure Majestät halten zu Gnaden, mein Vater ist Amtsrat im Amte Lehnin gewesen.

Friedrich: Amtsrat! Amtsrat! Das ist nicht wahr. Euer Vater ist Landrat gewesen. Ich habe ihn recht gut gekannt. Sagt mir einmal, hat Euch die Abgrabung des Luchs hier viel geholfen?

Fromme: O ja, Eure Majestät!

Friedrich: Haltet Ihr mehr Vieh als Euer Vorfahr?

Fromme: Ja, Eure Majestät! Auf diesem Vorwerk halte ich vierzig, auf allen Vorwerken siebzig Kühe mehr.

Friedrich: Das ist gut. Die Viehseuche ist doch nicht hier in der Gegend?

Fromme: Nein, Eure Majestät.

Friedrich: Habt Ihr die Viehseuche hier gehabt?

Fromme: Ja.

Friedrich: Braucht nur fleißig Steinsalz, dann werdet Ihr die Viehseuche nicht wiederbekommen.

Fromme: Ja, Eure Majestät, das brauch ich auch. Aber Küchensalz tut beinahe ebendiese Dienste.

Friedrich: Nein, das glaubt nicht! Ihr müßt das Steinsalz nicht kleinstoßen, sondern es dem Vieh so hinhängen, daß es daran lecken kann.

Fromme: Ja, es soll geschehen.

Friedrich: Wie steht Sein Gut?

Fromme: Ich habe vor zwei Jahren das Viehsterben gehabt und keine Entschädigung erhalten, ich kann nicht wieder vorwärtskommen.

Friedrich: Mein Sohn, heute hab ich Schaden am linken Ohr, ich kann nicht gut hören.

Fromme: Das ist eben das Unglück, daß der Geheime Rat Michaelis den Schaden auch hat.

Nun blieb ich ein wenig vom Wagen zurück. Ich glaubte Majestät würden die Antwort ungnädig aufnehmen. Auf einmal gingen Se. Majestät beiseite, kamen wieder und riefen:

Friedrich: Amtmann! *und dann flüsternd* Wer ist der dicke Mann da mit dem weißen Rock?

Fromme: *ebenfalls flüsternd* Eure Majestät, es ist der Landrat von Quast vom Ruppinschen Kreise.

Friedrich: Schon gut.

Nun gingen Se. Majestät wieder zum General von Zieten und Herrn von Kleist und sprachen von verschiedenen Sachen. Auf einmal drehten sie sich um und sagten: Serviteur, Herr Landrat! *Als nun selbiger auf Se. Majestät zugehen wollte, sagten Se. Majestät:*

Bleib er nur da, ich kenn ihn. Er ist der Landrat von Quast.

Friedrich: Eure Untertanen müssen gut im Stande sein.

Fromme: Ja, Eure Majestät. Ich kann aus dem Hypothekenbuche beweisen, daß sie an 50000 Taler Kapital haben.

Friedrich: Das ist gut. So mögt Ihr sie auch immer erhalten.

Fromme: Ja! Es ist recht gut, daß der Untertan Geld hat, aber er wird auch schon übermütig wie die hiesigen Untertanen, die mich schon siebenmal bei Eurer Majestät verklagt haben, um vom Hofdienst frei zu sein.

Friedrich: Sie werden wohl auch Ursache gehabt haben.

Fromme: Sie werden gnädigst verzeihen: Es ist eine Untersuchung gewesen und ist befunden, daß ich die Untertanen nicht gedrückt, sondern immer recht gehabt und sie nur zu ihrer Schuldigkeit angehalten habe! Dennoch bleibt die Sache, wie sie ist. Die Bauern wurden nicht bestraft. Eure Majestät gaben denselben immer recht, und der arme Beamte muß unrecht haben!

Friedrich: Ja, daß Ihr hier recht bekommt, mein Sohn, das glaub ich wohl! Ihr werdet Eurem Departementsrat brav viel Butter, Kapaunen und Puter schicken. – Was ist das für ein Mensch, der da rechts?

Fromme: Der Bauinspektor Menzelius, der hier die Bauten in Aufsicht gehabt hat.

Friedrich: Bin ich hier in Rom? Es sind ja lauter lateinische Namen! Wie heißt die Kolonie?

Fromme: Klausiushof.

Amtsrat Klausius: Ihro Majestät, sie kann auch Klaushof heißen.

Friedrich: Sie heißt Klau-si-ushof. Wie heißt da die andere Kolonie?

Fromme: Brenkenhof.

Friedrich: So heißt sie nicht.

Fromme: Ja, Ihro Majestät, ich weiß es nicht anders.

Friedrich: Sie heißt Brenken-ho-fiushof!

Bericht des Gutspächters und Amtsmanns Fromme

Bericht eines Steuereinnehmers

Se. Kgl. Majestät kamen vergangenen 26. hujus (August) zu Mittage 11 Uhr in Strehlen an, hielten vor dem Steueramte stille und ließen umspannen. Während der Umspannung traten der Herr Landrat von Wentzky, der Magistrat und ich an den Wagen. Da aber Se. Majestät das Fenster zu hatten, so winkten Allerhöchstdieselben mit der Hand, daß wir auf die andere Seite des Wagens kommen sollten, woselbst das Fenster heruntergelassen war.

»Guten Morgen, Herr Landrat«, war Sr. Majestät Anrede, »wie sieht's im Kreise aus?«

»Ganz gut«, antwortete der Landrat, »nur die Schlossen haben einigen Schaden gemacht. Er ist aber in hiesigem Kreise von keiner Erheblichkeit.«

»Was machen die ehemaligen hübschen Mädchen in Strehlen?« erwiderten Se. Majestät mit einer ungemein gnädigen Miene, »und wo ist die Luisel?«

Da mir nun die Intention Sr. Majestät aus vorigen Zeiten bekannt war, so versetzte ich: »Sie lebt noch als Witwe des Obristen von Polster in Breslau.«

Se. Königliche Majestät sahen mich an, lächelten und sagten: »Aber es war ja auch eine Kupferschmiedetochter! Wo ist denn diese?«

»Sie hat hier einen Maler geheiratet und lebt auch noch, nur verändert«, war meine Antwort.

Hierauf sagte der Landrat: »Oh! Ew. Majestät, es gibt wohl wieder jungen Zuwachs.«

»Das glaub' ich wohl«, versetzten Se. Majestät lächelnd. Hierauf fragten Se. Majestät den consulem Ruths: Wieviel Häuser hier wären? Wieviel Bürger es gäbe? Und wie viele Seelen in Strehlen lebten?

Da nun der alte Mann vor Zittern nicht viel sprechen konnte und nur die erste Frage beantwortete, so beantwortete ich die andern beiden, worauf Se. Kgl. Majestät erwiderten: »Hat es jetzo mehrere Seelen hier als Anno 1756?«

Ich antwortete: »Ja! Ihro Majestät. Wir haben jetzo 47 Seelen mehr denn Anno 1756.«

»Das ist hübsch«, sagten Ihro Majestät. Sogleich rückte der Wagen, und Ihre Majestät kamen uns aus dem Gesichte.

26. August 1775

Die politischen Kräfte, die wirtschaftlichen Pläne, die Bevölkerungspolitik (Peuplierung) und anderes zur Innenpolitik

Adel

Ein Ziel der Politik des Herrschers in diesem Staat ist, den Adel zu erhalten, denn welche Veränderung auch immer eintreten mag, er wird dann vielleicht einen reicheren, niemals aber einen tapfereren und treueren haben. Damit der Adel sich auf seinen Besitzungen behauptet, ist es erforderlich, Bürgerliche daran zu hindern, adlige Güter zu erwerben, und sie zu veranlassen, daß sie ihre Gelder in den Handel stecken, so daß, wenn ein Adliger gezwungen ist, seine Ländereien zu veräußern, nur wieder Adlige als Käufer in Frage kommen.

Gleichermaßen erforderlich ist, daß der Adel daran gehindert wird, anderswo Dienst zu tun, und daß ihm Standesbewußtsein und patriotisches Empfinden beigebracht wird. Daran vor allem habe ich gearbeitet und habe mir im Laufe des ersten Krieges alle mögliche Mühe gegeben, den Namen Preußens in Aufnahme zu bringen, allen Offizieren beizubringen, daß sie, aus welcher Provinz sie auch immer kommen mögen, allesamt als Preußen anzusehen sind und daß alle diese Provinzen, auch wenn sie verstreut liegen, zusammen ein großes Ganzes bildeten.

Bürgertum

Ich habe den Städten in den alten Provinzen die Freiheit gelassen, ihren Magistrat zu wählen, und mich in diese Wahlen nur dann eingemischt, wenn dabei Mißstände auftraten und Bürgerfamilien zum Nachteil der Mitbürger alle Gewalt an sich zogen. In Schlesien habe ich in der Befürchtung, daß Leute, die dem Haus Österreich ergeben sind,

Schöffenstühle besetzen, das Wahlrecht aufgehoben. Mit der Zeit, und wenn die heutige Generation nicht mehr dasein wird, kann man Schlesien ja, ohne Gefahr zu laufen, sein Wahlrecht wiedergeben.

Bauern und Adel

Ich habe bei den Bauern die Frondienste, die sie in der Vergangenheit zu leisten hatten, eingeschränkt: statt wie früher sechs Tage in der Woche zu dienen, brauchen sie nur noch drei Tage Fronarbeit zu leisten. Das hat die vom Landadel abhängigen Bauern aufgebracht, und sie haben sich ihrem Herrn widersetzt. Der oberste Landesherr muß auf Kräfteausgleich zwischen dem Bauern und dem Edelmann sehen, damit sich beide nicht gegenseitig ins Verderben stürzen. In Schlesien, Oberschlesien ausgenommen, steht sich der Bauer sehr gut; in Oberschlesien ist er leibeigen. Mit der Zeit sollte man danach trachten, ihn frei zu machen. Ich bin in meinen Domänen mit gutem Beispiel vorangegangen. Dort habe ich begonnen, die Bauern denen in Niederschlesien gleichzustellen. Man muß die Bauern aber daran hindern, Land von den Adligen zu kaufen, und den Adligen ist das Bauernlegen zu verwehren, weil die Bauern nicht als Offiziere in der Armee dienen können, und die Adligen, wenn sie auf dem Bauernland Vorwerke gründen, die Zahl der Einwohner und der Ackerbau Treibenden verkleinern würden.

Steuerpolitik

Bei der Verwaltung der Finanzen müssen Billigkeit und Menschenfreundlichkeit mitsprechen. Die Menschenfreundlichkeit muß den Vorsitz führen und die Art der Auflagen vorschreiben. Die Billigkeit verlangt, daß niemand dem Staate über seine Kräfte Steuern zahlt und die Abgaben verhältnismäßig bleiben: Wer nur 100 Taler zu verzehren hat, darf nicht mehr als 2 entrichten, während der, welcher ein Einkommen von 1000 Talern hat, ohne Beschwer 100 zahlen kann. Die Auflagen dürfen weder den Arbeiter noch den Soldaten, noch den Armen treffen, sondern nur den wohlhabenden und reichen Bürger.

Neuland

Längs der Oder und der Netze, einem kleinen Fluß in der Neumark, befanden sich zahlreiche öde, undurchdringliche und wilde Sümpfe. Ich begann damit, die Sümpfe von Damm bei Stettin urbar zu machen; man arbeitete an einem Deich, um die Oder in ihre Ufer zu bannen, und danach teilte man das Gelände in Dörfer auf, die denen zugeteilt wurden, die darangingen, sie aufzubauen. Dieser Neubau wird kommendes Jahr [1753] beendet sein und von ungefähr 4000 Seelen bevölkert werden. Zwischen Freienwalde und Küstrin überflutete die Oder die schönsten Wiesen und setzte unaufhörlich ein wunderschönes Gelände unter Wasser, das ihre Fluten aber wertlos machten. Fürs erste hat man für die Oder mittels eines Kanals, der, von einer Flußbiegung zur anderen verlaufend, den Schiffweg um vier Meilen verkürzt, ein neues Bett geschaffen. Dieser Kanal wird im kommenden Jahr fertiggestellt sein, und der Fluß wird, von Deichen eingeengt, von da an ein Gelände freigeben, auf dem 6000 Seelen ihr Auskommen finden, Felder bestellen und Viehzucht treiben werden. Falls ich noch lebe, wird die ganze Niederlassung im Jahre 1756 vollendet sein. Die Sümpfe der Netze sind auf gleiche Weise trockengelegt und von Polen besiedelt worden, die sich dort auf eigene Kosten niedergelassen haben. Außerdem habe ich das ganze Ödland in der Kurmark bearbeiten lassen, wo zwölf neue Dörfer erstellt worden sind. Auch stellte sich heraus, daß die Städte in Pommern viel mehr Land zur Verfügung hatten, als sie bebauen konnten. Überall sind dort Dörfer gegründet, von denen die Mehrzahl jetzt fertig dastehen. In der Prignitz besaßen die Landjunker so ausgedehnte Ländereien, daß sie sie nicht bewirtschaften konnten. Ihnen ist die Notwendigkeit klargemacht worden, sie zu besiedeln, und dieses Jahr errichten sie dort acht neue Dörfer, im kommenden Jahr zwölf weitere. Im Gebiet von Halberstadt gibt es fünf, die schon angelegt sind, so daß ich, wenn ich vom Jahr 1746 an zusammenzähle, bei dem 122. Dorf angelangt bin.

Kanäle

Um die Schiffahrtswege abzukürzen und die großen Flüsse, die Oder mit der Havel und diese mit der Spree, zu verbinden, sind drei Kanäle gebaut worden: den der Mietzel, der den Holztransport aus der Neumark erleichtert, den der Finow, der die Oder mit der Havel verbindet, und den von Plaue, der jenes Dreieck von Havelberg abschneidet. Der Plauer Kanal erleichtert, bei Plaue beginnend und so die Havel mit der Elbe verbindend, den Handel von Magdeburg nach Berlin und spart für das Salz, das von da nach Preußen, Pommern und Schlesien verfrachtet wird, mindestens acht Tage zu Schiff. Während dieses Salz früher auf dem Friedrich-Wilhelm-Kanal nach Frankfurt transportiert wurde, geht nun dasjenige, das man nach Pommern und Preußen verschickt, über den Finowkanal in die Oder und von da nach seinen Bestimmungsorten; und durch eine Art Tauschhandel geht das Holz aus der Neumark, das in den Wäldern verrottete, von der Mietzel über die Oder, Finow und Havel und über Plaue nach der Elbe, schwimmt von da die Saale aufwärts und dient in Halle den Salzraffinerien. Seitdem diese Kanäle fertiggestellt worden sind, hat die Stadt Stettin ihren Handel mit Leder aus Rußland beträchtlich gesteigert, schickt es nach Magdeburg, und von da verteilt es sich auf ganz Europa.

Manufakturen

Der Große Kurfürst hatte große Mengen von Maulbeerbäumen auf fast allen Friedhöfen der Mark anpflanzen lassen. Diese Maulbeerbäume hatten die Winter von 1709 und 1740 ausgehalten … Daraufhin ließ man erneut Maulbeerbäume anpflanzen; alle Gemeinden wurden genötigt, welche zu kultivieren. Die Amtmänner [Generalpächter der königlichen Domänenämter] wurden bei der Erneuerung ihrer Pachtverträge verpflichtet, eine gewisse Zahl davon anzupflanzen, und nun gibt es deren über 400000 kleine und große im Land, außer denen, die immer neu angepflanzt werden. Statt 200 Pfund Seide, die man gewann, produzieren wir 2000 Pfund, und diese sollen sich noch beträchtlich erhöhen. Aus den Akziselisten ist zu ersehen, daß alle Provinzen zusammen pro Jahr mehr als 400000 Taler für Seide ausgeben. Wenn wir also 40000 oder 50000 Pfund Seide gewönnen, würde der Staat pro Jahr um 250000 Taler reicher, und die einzelnen Bürger würden, ohne daß sie neue Anschaffungen als eben nur die einer ungenutzten Industrie machten, ihren Wohlstand heben. Um diese schwachen Anfänge zu fördern, lasse ich die Seide aus unserer Ernte ebenso teuer verkaufen wie die aus Italien. Ich verteile Prämien an die Dorfpfarren, die die meiste Seide gewonnen haben, und Vergünstigungen an diejenigen, die Maulbeerbäume pflanzen.

Damit in der Zeit, in der die Seidenwebereien entstanden, bei der Verbesserung der Verhältnisse im Land alles gleichermaßen vorankam, richtete ich Stoff- und Samtmanufakturen ein. Die entsprechenden Handwerker sind hier eingewandert und verursachen mir große Kosten. Um diese mit der Zeit zu senken und die fremde Kunst zu unserer eigenen zu machen, schicke ich auf meine Kosten 40 Lehrlinge zu diesen Arbeitern, die ich, sobald die Lehrlinge Meister geworden sind, durch andere ersetze. Gegenwärtig haben wir 500 Seidenwebstühle in Berlin sowie in Potsdam, aber das ist erst ein kümmerlicher Anfang.

Die Wollmanufakturen sind die natürlichsten im Land, da ja dieser Rohstoff eines seiner hauptsächlichen Erzeugnisse ist. Mein Vater hatte das Lagerhaus [1713 in Berlin gegründete Wollmanufaktur, die einheimische Wolle zu Uniformtuchen zu verarbeiten und den Frauen und Kindern der Soldaten eine Erwerbsmöglichkeit zu geben hatte] gegründet, das sich stark vergrößerte, seitdem dort Tuche wie die aus Aachen hergestellt worden sind. Die Verfeinerung hat diese nützliche Manufaktur um 300 Webstühle anwachsen lassen. Ein Kaufmann namens Wegeli hatte schon zur Zeit meines Vaters eine beachtliche Manufaktur für Etamine [gazeartiger Gardinenstoff] und Serge [Gewebe in Köperbindung, üblich z. B. als Futter- und Kammgarnstoffe] und kleine Zeuge. Seitdem hat er sie aufs Doppelte gebracht, und viele andere Kaufleute haben ähnliche Manufakturen errichtet. Seit kurzem stellt man in Berlin viel Kattun her.

Um den Tuchmachern in den Kleinstädten, die allesamt arm sind und außerstande, Vorauszahlungen zu leisten, Unterstützung zu geben, habe ich auf dem flachen Land Wollmagazine eingerichtet, wo man ihnen den Rohstoff auf Kredit liefert, den sie erst dann bezahlen, wenn die Tuche, die sie daraus hergestellt haben, verkauft sind ... Aus den Akziselisten habe ich ersehen, daß uns Hersteller von Watte fehlen, und ich bin zur Zeit damit beschäftigt, eine Manufaktur dafür in Brandenburg zu gründen. Zu beachten ist, daß man, will man eine Manufaktur, welcher Art auch immer, einrichten, die es zu unterstützen gilt, allem voran besorgt sein muß, einen Kaufmann ausfindig zu machen, der sie übernimmt; denn der Fabrikant kann nicht gleichzeitig seine Ware herstellen und verkaufen, und außerdem achtet der Kaufmann als Unternehmer darauf, daß der hergestellte Stoff von guter Beschaffenheit ist, was seinen Absatz erleichtert. Nichts schadet dem Handel mehr als Mangel an Gewissenhaftigkeit, falsches Ellenmaß oder Betrügereien ähnlicher Art. Um die Hersteller soweit wie möglich davon abzuhalten, daß sie das Volk und die Fremden betrügen, gibt es im ganzen Land feste Fabrikinspektoren, die die Waren überprüfen und zurückweisen, was minderwertig ist. Diese Vorsichtsmaßnahme ist von großer Wichtigkeit, vor allem für den Absatz im Ausland.

Als ich den Zustand der Wollmanufakturen überprüfte, habe ich festgestellt, daß sich durchweg alle Unternehmer darüber beklagten, daß ihnen die Spinner fehlten. Um dem abzuhelfen, lassen sie die Sachsen für sich arbeiten, was zur Folge hat, daß jährlich eine große Menge Garn aus Sachsen in unser Land kommt. Um gründlich dabei vorzugehen, untersuchte ich die Verhältnisse und errechnete die Zahl der Menschen, die hier von diesem Handwerk leben könnten. Nach genauer Rechnung stellt sich heraus, daß sich diese Zahl auf 60000 Seelen beläuft. Dieses Resultat freute mich, zeigte es doch Mittel und Wege, das Land volkreicher zu machen; und so ergriff ich zunächst Maßnahmen, diese Art von Leuten zu gewinnen und seßhaft zu machen. Damit sie sich heimisch fühlen, brauchen sie ein Haus, einen kleinen Garten und ausreichend Weideland, um zwei Kühe halten zu können. Solche Kolonisten habe ich von Sachsen, Polen und sogar von Mecklenburg her herangezogen. Mit Unterstützung seitens der Amtleute habe ich sie hier in der Nähe von Potsdam, in Köpenick, in der Neumark, in Pommern, bei Oranienburg und in vielen Dörfern angesiedelt. 1000 Familien pro Jahr Heimstatt zu geben, ist alles, was ich tun kann. Und wenn ich pro Familie fünf Personen rechne, benötige ich zwölf Jahre, um die Zahl von 60000 voll zu haben. Sobald dann diese Art von Arbeitern angesiedelt ist, besteht die erste Sorge darin, sie einem Kaufmann zu unterstellen, der ihnen unverzüglich Arbeit verschafft.

Ebenso habe ich festgestellt, daß uns Maurer- und Zimmergesellen fehlten; und auch solche zu beschaffen, habe ich 40 Familien hier in Potsdam und 200 bei Berlin angesiedelt. In der Gegend von Magdeburg zwang die geringe Einwohnerzahl die Landjunker und Amtleute, auf die Hilfe der Thüringer zurückzugreifen, die dann jedes Jahr kamen, um unsere Ernten einzuholen, und danach mit unserem Geld wieder heimkehrten. Um diesem schädlichen Zustand abzuhelfen, habe ich in den Dörfern des Magdeburger Landes 600 Thüringer Familien seßhaft werden lassen, die zur Zeit genügen, die Ernte einzubringen ...

Ich habe weiter oben gesagt, daß unsere Manufakturen 60000 Spinner beschäftigen können, notwendigermaßen müssen sie herbeigeholt werden. Eine Familie anzusiedeln kostet 60 Taler. Wenn man pro Jahr 60000 Taler aufwendet, kann man 1000 Familien unterbringen, so daß man in zwölf Jahren keinen Mangel mehr hat. Die Neumark, die Mittel- und Altmark sowie Pommern bieten unbebautes Land genug, um ihnen ein Heim zu geben ...

Da wir nicht so viele Webstühle haben, wie nötig sind, wird der Landesherr, um weitere aufzustellen, nur dann Erfolg haben, wenn er den Kaufleuten, die sich dieser Manufakturen annehmen, große Summen zur Verfügung stellt, mag eine solche Aufwendung sich pro Jahr auch auf 100000 Taler belaufen. Und dann wird man auch noch die Zahl der auf Kosten des Landesherrn ausgebildeten Lehrlinge einige Jahre lang bis auf 200 oder 300 erhöhen müssen, und dann werden wir im ganzen 2000 Webstühle besitzen können. Zudem habe ich in Berlin ein großes Seidenmagazin eingerichtet, dessen Fonds ich auf 100000 Taler zu erhöhen gedenke, so daß unsere Handwerker in einer Zeit, in der die Seide im Preis steigt, zum gleichen Kurs weiterarbeiten und so denen von Leipzig und Hamburg und sogar denen von Holland mit Glück den Rang ablaufen können.

Die Messer- und Scherenmanufaktur, die sich in Neustadt [Kurzform des Namens Neustadt Eberswalde, wie 1307 bis 1877 Eberswalde-Finow hieß] befindet, ist nicht so umfangreich, wie sie sein könnte, und verdient auf das Dreifache dessen, was sie darstellt, gebracht zu werden. Nötig sind mindestens 200 Webstühle für Watte im Land. Wir haben keine Nähnadeln, hier kann man mindestens ebenso viele wie in Aachen herstellen, und eine solche Manufaktur kann vielen Leuten Unterhalt bieten. Es fehlt uns an schönem Papier, in Pommern ließe sich eine große Papiermühle neben einem kleinen Fluß errichten, der sich in Hinterpommern in die Oder ergießt und mit ausreichendem Gefälle fließt, um die Räder zu treiben. Von den Friesen kann man die Lumpen und Hadern aufkaufen, die sie jetzt den Holländern anbieten, und diese könnten billig über Stettin an die Papiermühlen gelangen.

Die Manufakturen für Baumwollstoffe können beträchtlich vergrößert werden. Auch kann man diejenigen für grobes Leinen erweitern, die sich auf dem flachen Land befinden. In großer Zahl können Manufakturen für seidene Tücher, sogar für auf Mühlen hergestellte Bänder, für russisches Leder, für englisches Sohlleder gegründet werden. Knopf- und Handschuhmacher kann man der Zahl nach fördern, indem man ihnen die Absatzmöglichkeiten verschafft, die zur Zeit die Hamburger auf den Messen in Frankfurt und Polen haben. Es kann der Buchdruck gefördert werden, was ein beachtlicher Vorteil sowohl für den Papierkonsum wie für einen Handelszweig wäre, auf den man im Norden noch gar nicht gekommen ist, der mittels eines einzelnen Exemplars, das der Buchhändler kauft und nachdruckt, alle Bürger davon abhält, ihr Geld ins Ausland zu schicken, weil sie dann ja das betreffende Buch hierzulande finden und so alle guten Bücher nur zu Manuskripten für unsere Verleger werden. Aber das alles verlangt von seiten der Regierung Vorschüsse, was mich gehindert hat, es bis jetzt mit all der Kraft, die ich gern aufgewendet hätte, voranzutreiben.

Der blaue Montag

So setzen, ordnen und gebieten Wir hiermit, daß zu Folge der unterm 29ten August 1636 und den 6ten August 1723 ernannten Edikte, der sogenannte freie oder blaue Montag bei allen denjenigen Gewerken und Innungen, wo derselbe noch im Schwange gehen sollte, sogleich nach Publikation dieses Edikts gänzlich eingestellet, und die Gesellen an allen Montagen ebenso fleißig und lange, als in den übrigen Werktagen arbeiten sollen.

Und nun diesen Unfug, welcher den Staat um eine zweimonatliche Arbeit, die Handwerks Meister und Gesellen zur Üppigkeit und der darauf notwendig erfolgenden Armut bringet, auf das sicherste abzustellen, befehlen Wir hiermit aufs ernstlichste, daß jeder Meister, dessen Geselle sich des Montags, ohne rechtmäßige Entschuldigung, von seiner Arbeit entfernet, selbigen, in Unsern hiesigen Residenzien, dem Polizei-Directorio, und in anderen Städten, wo kein Polizei-Directorium ist, dem Magistrat bei zwei Rthlr. niemals zu erlassender und zur Gewerks Kasse zu erlegender Strafe, sofort anzeigen, und ein solcher Geselle, welcher diesen Mißbrauch hartnäckig fortsetzen will, das erstemal mit achttägigem, das anderemal mit vierzehntägigem Arrest, bei Wasser und Brot, bestrafet, das dritte oder folgendemal aber, als ein fürsetzlich boshafter Übertreter Unserer Gesetze, mit vierwöchentlicher Zuchthausstrafe beleget, alsdann für Handwerks-unfähig und -untüchtig gehalten, und auf sein Handwerk an keinem Orte passieren soll, so lange und bis derselbe, nach vorhergegangenem Obrigkeitlichen Erkenntnis, zu seinem Handwerk wiederum öffentlich admittieret worden.

Da auch ferner dem gemeinen Wesen nicht zuträglich ist, daß einem Handwerksmeister nicht mehr als einen Lehrjungen, und eine eingeschränkte Zahl von Gesellen zu halten erlaubet sein soll, wodurch das Publikum, als auch die Geschicklichkeit der Meister in gleichem Grade leiden müssen. So wollen Wir hiermit, daß diese Gewohnheit, wenn selbige in einigen Unserer Städte noch obwalten sollte, abgeschaffet, und den Meistern die Haltung von mehr als einem Lehrjungen, und einer uneingeschränkten Zahl von Gesellen verstattet und nachgelassen sein soll.

Sollten auch bei einigen Handwerkern in Unseren Staaten und besonders bei der Weberei, wo zu Förderung ein und anderer Arbeit die Personen weiblichen Geschlechts nützlich gebraucht werden können, derselben Zulassung nicht gestattet, und vielleicht gar eine Handwerks-Strafe für die Gesellen, welche in einer solchen Werkstatt gearbeitet, üblich sein: So wollen und verordnen Wir, daß dieses fürs künftige abgestellet, und erwähntem Gesellen dieserhalb nicht der mindeste Vorwurf gemacht werden soll.

(Rechtschreibung original)
Edikt von 1783

Abtreibung

Messen die Gesetze nicht von vornherein der heimlichen Niederkunft ein gewisses Maß Schande bei? Befindet sich ein Mädchen mit allzu zartem Gemüt, wenn ein Wüstling es mit seinen Versprechungen hintergangen hat, zufolge seiner Gutgläubigkeit nicht in der Lage, sich zwischen dem Verlust seiner Ehre oder dem der unseligen Leibesfrucht, die es empfangen hat, entscheiden zu müssen? Ist es nicht die Schuld der Gesetze, wenn sie in eine so schlimme Lage gekommen ist? Und beraubt die richterliche Strenge den Staat nicht gleichzeitig zweier Untertanen, des umgebrachten Kindes und der Mutter, die diesen Verlust durch eine legitime Nachkommenschaft reichlich wettmachen könnte? Dazu wird gesagt, es gäbe ja Findelhäuser. Ich weiß, sie retten das Leben einer Unzahl unehelicher Kinder. Wäre es nicht besser, das Übel an der Wurzel zu fassen und so viele arme Kreaturen, die elendiglich umkommen, am Leben zu erhalten, indem man den Schimpf abschafft, der den Folgen einer unvorsichtigen und leichtfertigen Liebe anhaftet?

Folter

Nichts geht an Grausamkeit über die Folter. Die Römer wendeten sie bei ihren Sklaven an, die sie als eine Art im Haus gehaltenes Vieh ansahen. Niemals ist sie einem Bürger auferlegt worden …

Man verzeihe mir, wenn ich mich laut gegen die Folter ausspreche. Ich wage es, mich auf die Seite der Menschlichkeit zu stellen, gegen einen für Christen und zivilisierte Völker schändlichen Brauch, und ich wage hinzuzufügen: gegen einen Brauch, der ebenso grausam wie nutzlos ist …

In Preußen ist die Folter seit acht Jahren abgeschafft. [Am 3. Juni 1740 hob Friedrich II. die Folter als Mittel zur Erlangung von Geständnissen auf (außer bei Majestätsverbrechen, Landesverrat und Mord). Die Einschränkungen fielen 1754.] Man ist sich sicher, daß der Unschuldige und der Schuldige nicht verwechselt werden, und die Justiz kennt in dieser Hinsicht keine Sorgen mehr!

Abhandlung über die Gründe für das Erlassen und Außerkraftsetzen der Gesetze (1748)

Milde Entscheidungen

Der König bestätigt das Todesurteil gegen einen Kavalleristen, der wegen Sodomie gehängt werden sollte, nicht und verhängt eine andere Strafe: »Das Schwein ist zur Infanterie zu versetzen!«

Der vorgebliche Übeltäter wird von der Strafe losgesprochen, da er zumal den Diebstahl zu leugnen beharrt, und nach der Erklärung der Theologen seiner Kirche das gewirkte Wunderwerk nicht unmöglich ist [der Soldat hatte unter einem Marienbild Münzen gestohlen und behauptet, die Gottesmutter hätte sie ihm ins Quartier gebracht]. Allein für die Zukunft verbiete ich ihm bei harter Strafe, weder von der heiligen Jungfrau noch von irgendeinem Heiligen irgend etwas mehr anzunehmen.

Eine Gemeinde will einen neuen Pfarrer, da der alte nicht an das Jüngste Gericht glaube:

»Der Pfarrer bleibt. Wenn er am Jüngsten Gericht nicht mit aufstehen will, kann er ruhig liegenbleiben!«

Über die Toleranz

Die Religionen müssen alle tolerieret werden und muß der Fiskal nur das Auge darauf haben, daß keine der anderen Abbruch tue, denn hier muß ein jeder nach seiner Fasson selig werden. *Marginalresolution (22. 6. 1740)*

Der falsche Glaubenseifer ist ein Tyrann, der die Provinzen entvölkert, die Duldsamkeit eine zärtliche Mutter, die sie hegt und blühen macht. *(1751)*

Denn es geht den Staat nichts an, welche metaphysische Anschauung im Menschenhirn wohnt, genug, wenn jedermann sich als guter Staatsbürger und Patriot benimmt.

Die Toleranz muß jedem Bürger die Freiheit lassen, zu glauben, was er will. Aber sie darf nicht so weit gehen, die Frechheit und Zügellosigkeit junger Hitzköpfe gutzuheißen, die das vom Volk Verehrte dreist beschimpfen. Das ist meine Ansicht. Sie deckt sich mit dem, was zur Sicherung der Gedankenfreiheit und der öffentlichen Ruhe nötig ist – und das ist der erste Gesichtspunkt jeder Gesetzgebung.

Religion und Politik

Es ist für die Politik höchst gleichgültig, ob ein Herrscher religiös ist oder nicht. Alle Religionen beruhen, denkt man einmal genauer über sie nach, auf einem mythischen, mehr oder weniger unsinnigen Grundgedanken. Es ist unmöglich, daß ein Mensch mit gesundem Verstand, wenn er dieses Problem einmal zu durchdenken beginnt, den Irrtum nicht erkennt. Aber diese Vorurteile, diese Irrtümer, diese

Wundergeschichten sind für die Menschen gemacht, und man muß verstehen, die Allgemeinheit in dem Maße zu respektieren, daß man sie in ihrem Kult, gleich welcher Religion, nicht kränkt ...

Ich bin in gewisser Weise der Papst der Lutheraner und von den Reformierten das Oberhaupt der Kirche, ernenne die Geistlichen, und von ihnen fordere ich nur vorbildlichen Lebenswandel und Güte. Ich erteile Ehedispense, und auf diesem Gebiet bin ich sehr nachsichtig, denn die Ehe ist im Grund nur ein bürgerlicher Vertrag, der gekündigt werden kann, sobald die beiden Parteien einverstanden sind. Von Bruder und Schwester, Mutter und Sohn, Tochter und Vater abgesehen, dulde ich, daß man sich nach Belieben heiratet, denn in allen anderen Verbindungen liegt keinerlei Übel.

Alle übrigen christlichen Sekten werden hier toleriert. Dem ersten, der einen Bürgerkrieg entfachen will, wird das Wort verboten, und die Gedanken von Glaubenserneuerern werden der verdienten Lächerlichkeit preisgegeben. Zwischen Rom und Genf verhalte ich mich neutral. Wenn Rom in Genfs Rechte eingreifen will, wird es den kürzeren ziehen, wenn Genf Rom unterdrücken will, wird Genf Tadel erfahren. Auf diese Weise, wenn ich auf allen Seiten Mäßigung predige, kann ich den Haß unter den Religionen vermindern, und ich trachte danach, sie zu einen, indem ich ihnen vorhalte, daß sie alle Mitbürger sind und daß man einen Menschen, der einen roten Rock trägt, genauso lieben kann wie einen mit einem grauen.

Politisches Testament (1752)

Freiheit und Gott

Ich habe Ihr metaphysisches Kapitel *über die Freiheit* erhalten und muß zu meiner Betrübnis sagen, daß ich nicht völlig Ihrer Meinung bin. Ich gründe meine Auffassung darauf, daß man nicht eigensinnig auf die Erkenntnisse verzichten soll, die man mit Hilfe der Logik erwerben kann.

Unter dieser Voraussetzung bemühe ich mich, über Gott alles zu erfahren, was mir möglich ist, wobei mir der Weg über die Analogie in nicht geringem Maße hilft. Zuerst sehe ich, daß ein schöpferisches Wesen weise und mächtig sein muß. Sofern es weise ist, hat es in seiner unendlichen Klugheit den Weltenplan entworfen, und sofern es allmächtig ist, hat es ihn ausgeführt.

Daraus folgt mit Notwendigkeit, daß der Schöpfer dieser Welt ein Ziel gehabt haben muß, als er sie erschuf. Wenn er ein Ziel gehabt hat, muß alles Geschehen auf dieses hinwirken. Wirkt alles, was geschieht, darauf hin, müssen auch alle Menschen den Absichten des Schöpfers entsprechend handeln und sich bei allen ihren Handlungen nur den unverrückbaren Gesetzen seiner Vorhaben gemäß entscheiden und ihnen gehorchen, auch wenn sie nicht um sie wissen; ohne das wäre Gott müßiger Zuschauer in der Natur.

An Voltaire (1737)

Unser Leben ist ein eiliger Übergang vom Augenblicke unserer Geburt zu dem unseres Todes. Während dieses kurzen Zwischenraumes ist der Mensch bestimmt, für das Wohl der Gesellschaft, an deren Körper er ein Glied ist, zu arbeiten.

Aus dem Testament

Über Literatur und Sprache

Sobald ich ein paar Augenblicke übrig habe, ergreift mich der Schreibkitzel. Ich kann diesem leichtsinnigen Vergnügen nicht widerstehen, das unterhält mich, zerstreut mich und macht mich für später zu der Arbeit, die auf mir liegt, geeigneter. Ich hätte lieber Racines »Athalie« [eine alttestamentarische Tragödie, bestimmt für weibliche Zöglinge der Mme. de Maintenon; Friedrich hält sie für Racines schwächstes Werk] geschrieben, als alle meine Siege gewonnen.

Vor der Schlacht von Zorndorf

De Catt: Verse, Sire? Und morgen will Eure Majestät eine Schlacht schlagen?

Friedrich: Nun, ist daran etwas so Außergewöhnliches? Kann ich mich nicht an diesem Abend wie an jedem anderen mit Dichten beschäftigen und mich zerstreuen, indem ich vielleicht ziemlich schlechte Verse mache? Meine Gedanken sind während des ganzen Tages bei der Hauptangelegenheit gewesen, die ich von allen Seiten betrachtet habe. Mein Plan ist fertig, mein Entschluß gefaßt, und es will mir scheinen, es sei mir nun wohl erlaubt, zu kritzeln und Reime zu schmieden ganz wie ein anderer Mensch.

De Catt: Sire, niemand wird Ihnen das verargen. Ich sage nur, daß es in einem so gefährlichen Augenblicke, wie es der vor einer Schlacht sein muß, recht schwierig ist, diese Fähigkeit zum Dichten zu haben.

Friedrich: Wenn Sie erst, wie ich, seit langem an diesen ganzen Wirrwarr der Schlachten gewöhnt sind, so werden Sie es nicht mehr so seltsam finden, daß man sich am Vorabend einer solchen Schlacht so vergnügt, wie ich es tue.

Über die deutsche Sprache

Was in Schwaben geschrieben wird, ist in Hamburg kaum verständlich. Es ist physisch unmöglich, daß selbst der genialste Schriftsteller diese rohe Sprache ausgezeichnet meistern kann ...

Auch haben wir viele Tätigkeits- und Hilfszeitwörter, deren letzte Silbe stumm und unschön ist, wie *sagen, geben, nehmen*. Man füge diesen Endungen ein a hinzu und bilde daraus *sagena, gebena, nehmena*: diese Laute tun dem Ohre wohl. Allein ich weiß auch: Selbst wenn der Kaiser mit seinen acht Kurfürsten auf feierlichem Reichstage das Gesetz erließe, daß die Worte so ausgesprochen werden sollen, die eifrigen Deutschtümler würden sich doch darüber lustig machen und auf gut Lateinisch schreien: *Caesar non supra grammaticos!* [Der Kaiser (steht) nicht über den Grammatikern]

Über seine Schrift »Über die Deutsche Literatur«

Sie werden über die Mühe spotten, die ich mir gegeben habe, einem Volke, das bisher nichts verstand als essen, trinken, der Liebe pflegen und sich schlagen, einen kleinen Begriff von Geschmack und attischem Salze beizubringen. Der Mensch will sich aber nun einmal nützlich machen, oft fällt ein Wort auf fruchtbaren Boden und bringt unerwartete Frucht hervor. *An d'Alembert*

Der Alte Fritz reitet in Berlin ein

Sein Anzug war derselbe wie auf der Reise, nur daß der Hut ein wenig besser conditionirt, ordentlich aufgeschlagen und mit der Spitze nach vorn, echt militärisch aufgesetzt war. Hinter ihm waren eine Menge Generale, dann die Adjutanten, endlich die Reitknechte. Das ganze Rondell und die Wilhelmstraße waren gedrückt voll Menschen, alle Fenster voll, alle Häupter entblößt, überall das tiefste Schweigen, und auf allen Gesichtern ein Ausdruck von Ehrfurcht und Vertrauen, wie zu dem gerechten Lenker aller Schicksale. Der König ritt allein vorn und grüßte, indem er fortwährend seinen Hut abnahm. Er hat ihn vom Halleschen Tor bis zur Kochstraße gewiß 200mal abgenommen.

Durch dieses ehrfurchtsvolle Schweigen tönte nur der Hufschlag der Pferde und das Geschrei der Berlinischen Gassenjungen, die Hüte in die Luft warfen oder neben ihm hersprangen und ihm den Staub von den Stiefeln wischten.

Er lenkte in den Hof hinein, die Flügeltüren gingen auf, und die alte lahme Prinzessin Amalie, auf zwei Damen gestützt, die Oberhofmeisterin hinter ihr, wankte die flachen Stiegen hinab ihm entgegen. Sowie er sie gewahr wurde, setzte er sich in Galopp, hielt, sprang rasch vom Pferde, zog den Hut, umarmte sie, bot ihr den Arm und führte sie die Treppe wieder hinauf. Die Flügeltüren gingen zu, alles war verschwunden, und noch stand die Menge entblößten Hauptes, schweigend, alle Augen auf den Fleck gerichtet, wo er verschwunden war, und es dauerte eine Weile, bis ein jeder sich sammelte und ruhig seines Weges ging.

Und doch war nichts geschehen, keine Pracht, kein Feuerwerk, keine Kanonenschüsse, keine Trommeln und Pfeifen, keine Musik, kein vorangegangenes Ereignis! Nein, nur ein 73jähriger Mann, schlecht gekleidet, staubbedeckt, kehrte von seinem mühsamen Tagewerk zurück. Aber jedermann wußte, daß dieser Alte auch für ihn arbeitete, daß er sein ganzes Leben an diese Arbeit gesetzt und sie seit 45 Jahren noch nicht einen einzigen Tag versäumt hatte! Jedermann sah auch die Früchte seiner Arbeiten nah und fern, rund um sich her, und wenn man auf ihn blickte, so regten sich Ehrfurcht, Bewunderung, Stolz, Vertrauen, kurz, alle edleren Gefühle des Menschen.

Zeitgenössischer Bericht

Zeittafel

1701 Am 18. 1. krönt sich Kurfürst Friedrich III. (1657–1713) mit Zustimmung des Kaisers in Königsberg zum preußischen König. Er nennt sich Friedrich I.

1712 Dem Kronprinzen Friedrich Wilhelm (1688–1740) und seiner Gemahlin, der Prinzessin Sophie Dorothea von Hannover (1687–1757), wird am 24. 1. ein Sohn, Friedrich, geboren. Dessen älteste und später Lieblingsschwester ist Prinzessin Wilhelmine Friederike Sophie (1709–1758). Am 20. 11. 1731 wird sie mit dem späteren Markgrafen von Bayreuth vermählt.

1713 25. 2.: Friedrich I. stirbt, und Friedrich Wilhelm I. wird König (genannt »Soldatenkönig«).

1719 Christian Wolff (1679–1754), seit 1707 Professor der Mathematik in Halle, wo er auch philosophische Vorlesungen hält, veröffentlicht »Vernünftige Gedanken von Gott, der Welt und der Seele des Menschen, auch allen Dingen überhaupt«.

1722 Friedrich Wilhelm I. gründet das Generaldirektorium, die Verwaltungszentrale Preußens, ein Gesamtministerium für Finanzwesen, innere Verwaltung, Kriegsverwaltung, Handel, Gewerbe und Landeskultur.

1723 Durch eine Kabinettsorder Friedrich Wilhelms I. wird Christian Wolff seines Amtes in Halle enthoben und des Landes verwiesen. Seine Hauptgegner sind die Pietisten, die seine Lehre als Atheismus bezeichnen. Wolff wird 1740 als Professor des Natur- und Völkerrechts von Friedrich II. nach Halle zurückberufen, 1743 zum Kanzler der Universität ernannt und 1745 in den Reichsfreiherrnstand erhoben.

1728 Besuch des Kronprinzen mit seinem Vater am sächsischen Hof in Dresden. Der Komponist und Flötist Johann Joachim Quantz (1697–1773) wird Friedrichs Lehrer. 1741 wird er zum Hofkomponisten ernannt.

1730 Im Sommer begleitet Friedrich seinen Vater auf einer Reise nach Ansbach. Am 5. 8. versucht er nach England zu fliehen. Der Plan scheitert. Friedrich wird verhaftet und auf die Festung Küstrin geschickt, wo sein Vertrauter Hans Hermann von Katte (1704–1730) am 6. 11. vor seinen Augen hingerichtet wird.

1731 20000 flüchtige Protestanten aus Salzburg und Böhmen werden in Preußen angesiedelt.

1733 Friedrich Wilhelm I. erteilt an den Präsidenten (seit 1723) des Kammergerichts Berlin, Samuel Freiherr von Cocceji (1679–1755), den Auftrag, »ein beständiges und ewiges Landrecht« auszuarbeiten, welches das Jus Romanorum ablösen soll. – Das Kantonsystem wird eingeführt, wonach das Land in eine Anzahl Bezirke (Kantone) eingeteilt ist und jedes Regiment seine Rekruten aus einem bestimmten Kanton zu beziehen hat. Preußen wird in Wehrbezirke von 5000 bis 8000 Feuerstellen gegliedert, die Dienstpflichtigen vom 10. Lebensjahr an werden in Listen erfaßt. – 12. 6.: Kronprinz Friedrich wird auf Wunsch seines Vaters mit Elisabeth Christine (1715–1797), der Tochter des Herzogs von Braunschweig-Bevern, vermählt. Sie lebt zunächst mit ihrem Gatten in Neuruppin und Rheinsberg, seit dem Regierungsantritt Friedrichs aber von ihm getrennt auf Schloß Niederschönhausen.

1734 Friedrich Wilhelm I. kauft die adlige Herrschaft Rheinsberg und schenkt sie seinem Sohn, der, inzwischen Oberst und Chef des Regiments in Ruppin, das Schloß umbauen und Park, Gärten und Gewächshäuser anlegen läßt. Seit 1736 verlebt Friedrich hier die letzte Zeit vor seinem Regierungsantritt, einige unbeschwerte Jahre der Bildung und des Vergnügens. (1744 schenkt er Rheinsberg seinem Bruder Heinrich. Dieser, Prinz Heinrich Friedrich Ludwig [1726–1802], nahm bereits an den ersten Schlesischen Kriegen teil. 1752 vermählte er sich mit Prinzessin Wilhelmine von Hessen-Kassel. Im Siebenjährigen Krieg war Heinrich einer der besten Heerführer, durch seinen Sieg bei Freiberg trug er entscheidend zu dessen Beendigung bei. 1770 war er an den Petersburger Verhandlungen über die polnische Teilung maßgeblich beteiligt.) – Friedrich nimmt unter Prinz Eugen von Savoyen am Rheinfeldzug teil, einer Aktion des sogenannten Polnischen Thronfolgekriegs, der durch den Tod Augusts des Starken (1. 2. 1733) ausgelöst worden war.

1738 Samuel von Cocceji wird an die Spitze des Justizdepartements berufen und damit Chef der Justiz in allen preußischen Landen. (Friedrich II. ernennt ihn 1747 zum Großkanzler.) – Friedrich komponiert eine Sinfonie für Streichorchester und basso continuo G-Dur.

1739 Friedrich beendet seine Schrift »Antimachiavel, ou Examen du Prince de Machiavel« (»Der Antimachiavell oder Untersuchung zum ›Fürsten‹ von Machiavelli«), die 1740 auf Betreiben Voltaires und nach dessen Überarbeitung anonym erscheint.

1740 31. 5.: Friedrich Wilhelm I. stirbt, und Friedrich II. besteigt den preußischen Königsthron. Er beginnt einige Reformen: Einschränkung der Folter, Freiheit der Presse und des Glaubens, Belebung der Wissenschaften und der Kunst. Das V. Departement für Handel und Gewerbe wird gegründet. – Am 20. 10. stirbt Karl VI. (1685 geb.), seit 1711 römisch-deutscher Kaiser. Mit ihm endet der Mannesstamm der Habsburger, und Karl VI. hatte für diesen Fall in der Pragmatischen Sanktion (1713) bestimmt, daß die ungeteilte Herrschaft in allen Erblanden seiner ältesten

Tochter zufallen sollte. Als Maria Theresia (1717–1780) Königin von Ungarn sowie Erzherzogin von Österreich wird, bestreiten Frankreich, Bayern, Spanien und Preußen die Rechtmäßigkeit dieser Erbfolge. Friedrich II. nutzt die neue europäische Situation aus, indem er alte Besitzansprüche auf schlesische Fürstentümer erhebt. Am 16. 12. läßt er preußische Truppen einmarschieren, der Erste Schlesische Krieg beginnt.

1741 Der Schlesische Krieg weitet sich zum Österreichischen Erbfolgekrieg aus. – Am 10. 4. siegen die Preußen über die Österreicher bei Mollwitz. Friedrich entkommt mit Mühe der österreichischen Gefangenschaft. – 6. 12.: Elisabeth I. (1705–1762), Tochter Peters des Großen, wird von den Garden zur Zarin ausgerufen. Sie ernennt ihren Neffen Peter zu ihrem Nachfolger und vermählt ihn 1745 mit der Prinzessin Sophie Auguste von Anhalt-Zerbst, der späteren Katharina II.

1742 Karl VII. Albrecht (1697–1745), seit 1726 Kurfürst von Bayern, wird am 24. 1. unter französischem Einfluß zum Kaiser gewählt, nachdem er im Österreichischen Erbfolgekrieg Oberösterreich und Böhmen erobert hat. Allerdings verliert er 1742/43 außer diesen Gebieten sogar sein Stammland Bayern, erst 1744 kann er endgültig nach München zurückkehren. – 17. 5.: Friedrich II. besiegt bei Chotusitz die Österreicher unter dem Prinzen Karl von Lothringen. (Dieser österreichische Feldmarschall [1712–1780] ist Oberbefehlshaber der ersten beiden Schlesischen Kriege – Niederlagen auch bei Hohenfriedberg und Soor – und abermals zu Beginn des Siebenjährigen Krieges. Nach der Niederlage von Leuthen entzieht ihm Maria Theresia 1757 das Kommando, und er wird Generalgouverneur der österreichischen Niederlande.) Danach beschließt Friedrich II. zur Entrüstung seiner

Bundesgenossen am 11. 6. den Prämilinarfrieden von Breslau, dem am 28. 7. 1742 der endgültige Frieden von Berlin folgt. Mit dem Gewinn von Schlesien hat Preußen sein Territorium um ein Drittel vergrößert. – Das Opernhaus in Berlin wird eröffnet (Einweihung 1743).

1743 Österreich, England und Sardinien schließen im September das Wormser Bündnis, dem im Dezember 1743 auch Sachsen beitritt. Friedrich vermutet eine antipreußische Zielsetzung und bemüht sich um neue Bündnispartner.

1744 22. 5.: Die von Friedrich II. angeregte Frankfurter Union wird geschlossen, ein Bündnis zwischen Preußen, Kurpfalz und Hessen-Kassel zur Unterstützung des von Österreich und England bedrängten Kaisers Karl VII. – 5. 6.: Preußen und Frankreich schließen in Versailles ein Offensivbündnis. – 10. 8.: Friedrich II. erklärt Österreich den Krieg und marschiert unter dem Vorwand, dem aus seinen Erblanden vertriebenen Kaiser Hilfe zu bringen, durch Sachsen nach Böhmen. Beginn des Zweiten Schlesischen Krieges. 16. 9.: Preußische Truppen nehmen Prag ein.

1745 8. 1.: Viererallianz zwischen England, Österreich, Sachsen und den Niederlanden, geschlossen in Warschau. – 20. 1.: Der bayerische Kurfürst und Kaiser Karl VII. stirbt. Sein Nachfolger in Bayern schließt am 22. 4. mit Österreich den Frieden von Füssen. Der bayerische Kurfürst verzichtet auf die Kaiserkrone, für den Thron kandidiert nunmehr Franz Stephan von Lothringen, der Gatte Maria Theresias. – Mai: Bündnis zwischen Sachsen und Österreich zu Leipzig. – 4. 6.: Friedrich besiegt das österreichisch-sächsische Hauptheer unter Karl von Lothringen bei Hohenfriedberg. Im Anschluß an diese Schlacht, die als eine seiner bedeutendsten militärischen Leistungen gilt, folgt er dem zurückweichenden Gegner nach

Böhmen. – 30. 9.: preußischer Sieg bei Soor. – 15. 12.: preußischer Sieg bei Kesselsdorf vor den Toren von Dresden. – 25. 12.: Preußen, Österreich und Sachsen schließen den Dresdner Frieden. Friedrich II. behält Schlesien und Glatz und erkennt den Gemahl Maria Theresias als Kaiser Franz I. an. – 1745 beauftragt Friedrich II. Samuel von Cocceji mit der Ausarbeitung der Justizreform und läßt Knobelsdorff mit dem Bau von Sanssouci beginnen, wo bereits seit 1743 an der Anlage der Weinbergterrassen gearbeitet wird.

1747 Die Entwässerung des Niederoderbruchs beginnt (bis 1753). Am 1. 5. wird Sanssouci mit einem Bankett eingeweiht. Das Schloß auf dem Weinberg wird der Lieblingssitz des Königs und ist der Ort der Tafelrunden.

1748 Der sogenannte Zweite Friede von Aachen am 18. 10. beendet den Österreichischen Erbfolgekrieg. Für Österreich wird die Pragmatische Sanktion gewährleistet, für Preußen die Erwerbung Schlesiens, für das Haus Hannover der britische Thron. Österreich muß die italienischen Herzogtümer Parma, Piacenza und Guastalla abtreten.

1750 Im Juli kommt Voltaire (eigentlich: François Marie Arouet, 1694–1778) auf Einladung Friedrichs II., mit dem er seit 1736 im Briefwechsel steht, nach Potsdam. Er wird Kammerherr, erhält den Orden *pour le mérite* und 6000 Taler Jahresgehalt. 1751 kommt es zum Bruch, im März 1752 verläßt Voltaire Potsdam.

1752 Friedrich schreibt sein »Politisches Testament«, ein Grunddokument preußischer Politik.

1753 Die »Generalprinzipien des Krieges« werden als neue Richtlinien zur Modernisierung des Militärwesens verbindlich der Generalität übergeben.

1755 Juli: Ausbruch des Krieges zwischen Frankreich und England in Nordamerika und Ostindien. – 30. 9.: England und Rußland schließen einen Subsidienvertrag zum Schutze Hannovers.

1756 16. 1.: Preußen und England schließen die Neutralitätskonvention von Westminster, in der sich beide verpflichten, keiner fremden Macht den Einmarsch nach Deutschland zu gestatten. Das seit 1741 mit Preußen verbündete Frankreich sieht darin einen Versuch Friedrichs, sich aus dem englisch-französischen Krieg zu halten, und steht den Bündnisbemühungen Österreichs entsprechend aufgeschlossen gegenüber. – 1. 5.: Frankreich und Österreich schließen in Versailles ein Defensivbündnis, das französische Hilfe für den Fall eines preußischen Angriffs zusichert. Rußland und Schweden schließen sich an. An der Schaffung dieser großen antipreußischen Koalition, die eine Umkehrung der bisherigen Bündnisse bedeutet, ist maßgeblich Wenzel Anton Graf von Kaunitz (1711–1794) beteiligt. Er hatte während der Aachener Friedensverhandlungen das Vertrauen Maria Theresias gewonnen, zumal die Rückgewinnung Schlesiens und die Niederhaltung Preußens sein Ziel bleibt. Kaunitz wird der eigentliche Leiter der österreichischen Politik und bedeutendste diplomatische Gegner Friedrichs II. – 29. 8.: Friedrich II. überschreitet mit 60000 Soldaten die sächsische Grenze und beginnt den Dritten Schlesischen Krieg, den Siebenjährigen Krieg. Von Sachsen aus greift er Böhmen an. – 1. 10.: Friedrich erficht bei Lobositz einen Sieg gegen die Österreicher. – 17. 10.: Die sächsische Armee mit 20000 Mann kapituliert bei Pirna.

1757 15. 1.: Der Regensburger Reichstag reagiert auf den preußischen Einfall in Sachsen, indem er die Reichsexekution gegen Preußen beschließt. – 6. 5.: Nach einem blutigen Sieg schließen die Preußen das österreichische Hauptheer unter Karl von Lothringen in der Festung Prag ein. Die Einnahme der Stadt gelingt nicht. – 18. 6.: Friedrich erleidet bei Kolin eine schwere Niederlage durch das österreichische Entsatzheer unter Feldmarschall (seit 1754) Leopold Graf von Daun (1705–1766). Friedrich zieht sich nach Sachsen und Schlesien zurück. Nunmehr dringen russische Truppen in Ostpreußen ein, schwedische Truppen in Vorpommern und österreichische in Schlesien. Ein Mehrfrontenkrieg Preußens beginnt. – 5. 11.: Mit einem Teil seiner in Sachsen stehenden Truppen besiegt Friedrich bei Roßbach die Franzosen. Indessen erobern die Österreicher Schweidnitz und am 24. 11. Breslau. – 5. 12.: Friedrich schlägt die Österreicher bei Leuthen.

1758 11. 4.: Preußen und England schließen ein neues Abkommen, in dem sie sich verpflichten, keinen Sonderfrieden einzugehen. Friedrich erhält 4 Millionen Taler jährliche Hilfsgelder. – 14. 10.: Friedrich erleidet bei Hochkirch eine schwere Niederlage durch die Österreicher unter Daun. – 31. 12.: österreichisch-französischer Beistands- und Subsidienvertrag.

1759 12. 8.: Friedrich greift mit 43000 Mann das Heer (71000 Mann) der vereinigten Russen und Österreicher unter dem russischen Oberbefehlshaber Graf Saltykow (1698–1772) und dem österreichischen Feldmarschall Freiherr von Laudon (1717–1790) bei Kunersdorf an. Nach anfänglichen Erfolgen der Preußen bringt Laudon mit der österreichischen Reiterei die preußischen Bataillone zur Auflösung. Sie verlieren 18670 Mann und fast alles Geschütz. Nach dieser seiner schwersten Niederlage, die den Verbündeten den Weg nach Berlin frei macht – was sie jedoch aus Uneinigkeit nicht ausnutzen –, übergibt Friedrich II. das Kommando vorübergehend an Generalleutnant Friedrich August von Finck (1718–1766). – 4. 9.: Die preußische Garnison Dresdens kapituliert vor der Reichsarmee.

1760 In der ersten Jahreshälfte belagert und beschießt Friedrich vergebens Dresden. Die Vorgänge in Schlesien zwingen ihn, die Belagerung aufzugeben. – 15. 8.: Durch seinen Sieg über die Österreicher bei Liegnitz rettet sich Friedrich aus der Umklammerung durch Österreicher und Russen. – 9. 10.: Ein russisch-österreichisches Streifkorps besetzt vorübergehend Berlin. – 25. 10.: Georg II. (1683 geb.), seit 1727 König von Großbritannien, stirbt. Ihm folgt sein Enkel Georg III. (1738–1820). – 3. 11.: Unter schweren eigenen Verlusten gewinnt Friedrich die Schlacht von Torgau und erobert Sachsen zurück (mit Ausnahme von Dresden).

1761 Juni: Beginn englisch-französischer Friedensverhandlungen. – September: William Pitt, genannt der ältere Pitt (1708–1778), Friedrichs treuester Verbündeter in der englischen Regierung, muß unter dem neuen König zurücktreten. Dadurch bleibt die englische Finanzunterstützung für Preußen aus. – 16. 12.: Die preußische Festung Kolberg kapituliert vor den Russen. – Pommern ist von russischen Truppen besetzt, Schlesien und Sachsen von den Österreichern.

1762 5. 1.: Elisabeth I. von Rußland stirbt, ihr Nachfolger wird Peter III. (1728–1762), der Sohn der russischen Großfürstin Anna Petrowna (Tochter Peters des Großen und Schwester von Elisabeth I.) und des Herzogs Karl Friedrich von Holstein-Gottorp. Peter hat eine Vorliebe für peußisches Wesen, mißachtet alles Russische und steht der orthodoxen Geistlichkeit feindlich gegenüber. Er schließt sofort einen Waffenstillstand mit dem von ihm bewunderten Friedrich II. – 5. 5.: Friede zu Petersburg zwischen Preußen und Rußland, Peter III. verzichtet auf alle Eroberungen und drängt auch Schweden zum Friedensschluß (Hamburg 22. 5.). – 19. 6.: preußisch-russischer Allianzvertrag. 20000 Russen stoßen zum preußischen Heer. – 17. 7.: Bei einer Palastrevolution wird Peter III. verhaftet und durch die Garde unter Mitwirkung seiner Gemahlin Katharina (seit 1745) ermordet. Katharina II. (1729–1796) hatte sich bereits am 11. Juli zur Zarin ausrufen lassen. Sie kündigt den Allianzvertrag mit Preußen, bleibt aber neutral. – 29. 10.: Die Preußen unter Prinz Heinrich und dem Reitergeneral Friedrich Wilhelm von Seydlitz (1721–1773) besiegen in der Schlacht bei Freiberg die Österreicher und die Reichstruppen. – 3. 11.: Infolge des Vorfriedens von Fontainebleau tritt Frankreich vom Krieg in Deutschland zurück. Die süddeutschen Reichsstände schließen mit Preußen ein Neutralitätsabkommen. – 30. 12.: Auf dem sächsischen Jagdschloß Hubertusburg beginnen Friedensverhandlungen, nachdem bereits seit November zwischen Österreich und Preußen Waffenruhe herrscht.

1763 15. 2.: Friede zu Hubertusburg zwischen Preußen, Österreich und Sachsen. Ende des Siebenjährigen Krieges. Preußen behält Schlesien und hat sich in die Reihe der europäischen Großmächte gestellt. – 23. 5.: Mit einer Instruktion befiehlt Friedrich II., die Leibeigenschaft in Pommern aufzuheben. Die Maßnahme scheitert am Widerstand der pommerischen Adligen. – 5. 10.: In Dresden stirbt Friedrich August II. (1696 geb.), der am 1. 2. 1733 seinem Vater als Kurfürst von Sachsen gefolgt und am 5. 10. 1733 als August III. zum König von Polen gewählt worden war. Die Personalunion zwischen Sachsen und Polen endet. – 1763 wird die Schulpflicht vom fünften bis zum dreizehnten Lebensjahr in Preußen eingeführt (Generalschulreglement). In Potsdam beginnt der Bau des Neuen Palais (1769 beendet).

1764 7. 9.: Der Kandidat Preußens und Rußlands Stanisław Poniatowski (1732–1798) wird als Stanislaus II. August zum letzten König von Polen (1764–1795) gewählt. Unter seiner Regierung vollziehen sich die drei polnischen Teilungen. Als er sich der zweiten (1793) widersetzt, läßt ihn Katharina II. nach Grodno bringen. Nach dem dritten Teilungsvertrag (25. 11. 1795) muß er abdanken. – Friedrich II. setzt die Kolonialisierungspolitik fort, er gründet eine Kommission für Wirtschafts- und Finanzpolitik.

1765 18. 8.: Franz I. (1708 geb.) stirbt. Er wurde als Sohn des Herzogs von Lothringen geboren und hatte 1736 die österreichische Erbin Maria Theresia geheiratet. 1745 wurde er zum Kaiser gewählt. Nachfolger auf dem Kaiserthron wird Joseph II. (1741–1790), der älteste Sohn von Franz I. und Maria Theresia. In Österreich wird er Mitregent seiner Mutter.

1766 Eine neue Steuerverwaltung (die »Regie«) wird gegründet. Ihr Personal besteht vorwiegend aus Franzosen. Die Verwaltung wird vereinfacht.

1768 Zweites Politisches Testament.

1769 25. bis 28. 8.: Kaiser Joseph II. und Friedrich II. treffen sich in Neiße. Der Gegenbesuch erfolgt vom 3. bis 7. 9. 1770 im österreichischen Mährisch-Neustadt. Die beiden Treffen bleiben ohne gravierende Folgen, das Mißtrauen zwischen den beiden Mächten steckt zu tief. Immerhin leistet Joseph endgültig Verzicht auf Schlesien.

1772 15. 2.: Rußland und Preußen beschließen die Teilung Polens, Österreich schließt sich dem Petersburger Vertrag am 5. 8. an. Ein Drittel des zum polnischen Staat gehörenden Territoriums wird aufgeteilt. Preußen erhält Westpreußen, das Ermland und den Netzebezirk mit fast 600000 Einwohnern. Österreich annektiert Galizien und einige angrenzende Gebiete mit fast 2,6 Millionen Einwohnern. Rußland erhält große Teile der Ukraine und Belorußlands.

1777 30. 12.: Maximilian III. Joseph (1727 geb.), Sohn von Kaiser Karl VII. und Kurfürst seit 1745, stirbt. Mit ihm erlischt die jüngere Hauptlinie des Hauses Wittelsbach. Sein Nachfolger wird Karl Theodor (1724–1799), der seit 1733 Kurfürst der Pfalz ist und in einem Vertrag vom 3. 1. 1778 die Abtretung Niederbayerns an Joseph II. zusagt.

1778 Januar: Österreichische Truppen überschreiten die bayerische Grenze. Friedrich II. tritt dieser Vergrößerung der Habsburger Macht entgegen und sucht zunächst Bündnispartner. – Juli: Friedrich rückt in Böhmen ein. Der Feldzug beschränkt sich auf strategische Bewegungen, kleine Plänkeleien und die Beschaffung von Lebensmitteln (»Kartoffelkrieg«).

1779 13. 5.: Katharina II. vermittelt den Frieden von Teschen, der den Bayerischen Erbfolgekrieg beendet. Österreich erhält das bayerische Innviertel. Preußens Erbansprüche auf Ansbach und Bayreuth werden garantiert. – Der Rechtsstreit um den Müller Christian Arnold erreicht seinen Höhepunkt, indem Friedrich II. seinen Justizminister (seit 1763) und Großkanzler (seit 1770) Karl Joseph Maximilian Freiherr von Fürst und Kupferberg (1717–1790) entläßt und an seine Stelle Johann Heinrich Kasimir Graf von Carmer (1721–1801) beruft.

1780 Carmer wird mit der Neuordnung des Justizwesens beauftragt. Er beginnt mit der Ausarbeitung eines Allgemeinen Gesetzbuches (»Preußisches Landrecht«, 1794 beendet).

1785 Gegen die Hausmachtspolitik von Kaiser Joseph II. gründet Friedrich II. den Deutschen Fürstenbund.

1786 27. 1.: Der preußische Reitergeneral Hans Joachim von Zieten (1699 geb.) stirbt. 1741 wurde er Oberst und Chef des Leibhusarenregiments. 1744 Generalmajor, 1756 Generalleutnant. Am Siebenjährigen Krieg war er als kühner und umsichtiger Reiterführer wesentlich beteiligt. Er entschied die Schlacht bei Torgau (3. 11. 1760). Friedrich hat ihm bis zuletzt seine Gunst erhalten. – Am 17. 8. stirbt Friedrich vereinsamt in seinem geliebten Sanssouci.

Zu den Bildern

Adolph Menzel, der mit diesen Bildern Franz Kuglers »Geschichte Friedrichs des Großen« (1842) illustrierte, zu seinem Werk: »Alles, was der äußern Gestaltung des Lebens, dem Zeitgeschmack und den mannigfachen Wandlungen desselben in Baulichkeiten, Geräten, Kostümen und allgemeiner Sitte angehört, beruht auf Studien charakteristischer Vorbilder, wie sich diese teils im Originale selbst, teils in Abbildungen oder in schriftlicher Überlieferung auf unsere Zeiten erhalten haben.«

17 Friedrichs sterbliche Hülle wird von Sanssouci zum Potsdamer Stadtschloß in einem schlichten, mit Reifen überspannten und mit schwarzem Tuch verhangenen königlichen Holzwagen übergeführt

18 Eingang zur Gruft in der Garnisonkirche zu Potsdam

27 Das königliche Schloß in Berlin; im Vordergrund die Lange Brücke mit dem Denkmal des Großen Kurfürsten

28 Hofherold, Kostüm nach dem Werk »König Friedrich I. Krönung und Hofhalt« (1701)

29 König Friedrich I. auf dem Sterbelager

30 Hofgesellschaft bei einer Parade

31 Die Vignette symbolisiert die luxuriöse Hofhaltung Friedrichs I.

32 Die Riesengarde Friedrich Wilhelms I. nach den lebensgroßen Bildnissen der Grenadiere im königlichen Schloß Charlottenburg

35 Der schwedische Offizier Croom weissagt dem Prinzen aus den Handlinien eine große Zukunft